ESSAI

HISTORIQUE ET CHRONOLOGIQUE

SUR

LA VILLE DE PÉRONNE,

Par le Docteur F.-J. MARTEL, Membre correspondant de l'Académie
Impériale de Médecine de Paris, Médecin en chef
honoraire de l'Hospice de Péronne, etc.

PÉRONNE,

IMPRIMERIE ET LITHOGRAPHIE DE J. QUENTIN.

1860

ESSAI

HISTORIQUE ET CHRONOLOGIQUE

SUR

LA VILLE DE PÉRONNE.

———◆◆◆◆◆———

Ce serait une entreprise difficile, chimérique même, que vouloir traverser les âges, pour aller chercher, au milieu de l'obscurité qui règne dans les premiers temps de notre histoire, les circonstances auxquelles la ville de Péronne doit son origine. Cependant il paraît que, sous la domination romaine, le monticule que la ville renferme s'appelait *Mons Cycnorum, Cycnopolis;* c'est du moins le sentiment de Lecointe et celui de Mabillon qui croit que, avant le cinquième siècle, on ne connaissait Péronne que sous ce nom. Cette dénomination serait due à la grande quantité de cygnes qui venaient s'y réfugier; mais cela ferait aussi supposer qu'il n'était point habité, car ces oiseaux voyageurs n'en auraient pas fait un lieu de repos. Il est vraisemblable qu'alors quelques huttes de pêcheurs, construites au bord de la Somme, au sud et au sud-est du monticule, formaient les seules habitations ui qexistassent en ces lieux. Selon nous, la rive gauche aurait été la première habitée; ce qui semble donner de la probabilité à cette supposition, c'est que là fut érigé le premier temple de la localité destiné au culte chrétien; que cette église était bâtie antérieurement à l'époque où S.¹ Fursy, patron de la ville, vint y prêcher la foi; enfin, qu'elle était la seule qui ne relevât point de la collégiale fondée en l'honneur et sous l'invocation de cet évêque; car l'église de S.¹-Fursy fut érigée deux cents ans au moins après l'invasion des Francs. Cette première église portait le nom de *S.-Quentin-en-l'eau*. On pense qu'elle fut construite, soit pendant la vie, soit peu de temps après la mort du saint de ce nom qui parut dans ces contrées vers la fin du troisième siècle et qu'on appela pour cette raison l'apôtre du Vermandois (1).

On ignore absolument à quelle époque le Mont-des-Cygnes commença à se couvrir d'habitations et quels furent ses premiers habitants; mais il est naturel de penser que ce fut après la mort de S.ᵗ Fursy et après son inhumation sur ce mont que vinrent se fixer les fidèles attirés dans le pays par son odeur de sainteté. Les traditions semblent donner de la force à cette hypothèse, comme nous le verrons plus loin.

On donne au nom de Péronne plusieurs étymologies; les uns veulent le faire provenir de *Pero, onis* guêtre ou botte, *Peronæi* ou *Peronasi*, guêtrés ou bottés, parce que ses premiers habitants portaient, dit-on, cette espèce de chaussure qui leur était utile pour fréquenter les marais au voisinage desquels étaient leurs demeures. D'autres veulent le faire provenir de ces deux mots latins : *per Ranas*, au milieu des grenouilles. En effet, ces animaux peuplent très-abondamment les marais qui entourent la ville. De toute façon cette étymologie dérive du latin et Péronne doit vraisemblablement sa dénomination à l'occupation romaine, comme beaucoup des villages qui nous environnent. Il paraîtrait qu'on l'appela longtemps *Perona scotorum* (2), Péronne des Écossais, parce qu'on prétend que l'agglomération de ses habitants est due à des colons écossais ou plutôt irlandais qui vinrent se fixer auprès du tombeau de

(1) Elle est aujourd'hui démolie et remplacée par des maisons particulières.
(2) Voir Duchesne et Belleforest.

S.ᵗ Fursy, attirés par la célébrité de leur compatriote; car
ce saint était Irlandais. Les habitants du Mont=S.ᵗ-Quentin
pourraient revendiquer la même origine. S.ᵗ Fursy habita
quelques années à l'abbaye du Mont-S.ᵗ-Quentin où il fut
suivi par un certain nombre de ses compatriotes (1).

César, dans ses commentaires, ne parle point de Péronne, quoiqu'il fasse mention des *Ambiani*, *Bellovaci*,
Atrebates, *Veromandui*, *Suessiones*, etc., tous peuples qui
nous avoisinaient; cependant cette position a dû être re-
marquée par le conquérant comme point stratégique; aussi
la tradition lui attribue-t-elle la construction de cette longue jetée ou digue qui traverse la Somme au sud de la
ville et qui forme le faubourg dit de Paris ou de *Soyebaut-
écluse*. Si ce n'est à César qu'on la doit, c'est au moins un
ouvrage exécuté sous la domination romaine, car il est
difficile de croire que les indigènes, peuples barbares,
avant que les conquérants du monde ne leur eussent apporté les éléments de leur future civilisation, peu nombreux d'ailleurs, dépourvus d'arts et de commerce, aient
entrepris la confection d'un tel ouvrage, d'autant plus que
les communications de peuple à peuple devaient être rares
et pour ainsi dire individuelles, et que les riverains de la
Somme, pêcheurs de profession, pouvaient aisément gagner la rive opposée, dans une nacelle, sans éprouver la
nécessité de construire un ouvrage tel que cette digue qui
a dû employer pour son exécution, des légions et beaucoup
de temps.

Péronne doit son état de cité et son agrandissement
successif à trois époques bien distinctes, savoir : 1.º la
domination romaine; 2.º l'invasion des Francs; 3.º l'érec-
tion de la ville en commune, sous Philippe II, en 1209.

Vers la fin de la domination romaine dans les Gaules, et

(1) Voir Demay, qui cite d'anciennes chroniques sur la vie de S.ᵗ Fursy.

lorsque les Francs commencèrent leurs incursions, les Romains durent chercher à fortifier certains points tels que villes ou passages de rivières qui se trouvaient sur les voies militaires ou consulaires. C'est dans cette intention, sans doute, qu'ils construisirent ici deux forts, l'un sur l'emplacement occupé aujourd'hui par les fossés de la ville au nord-est et qui fut nommé fort de Bretagne, dont parlent les chroniques et dont la tradition locale a gardé le souvenir. Des travaux entrepris à diverses époques en cet endroit, sous Charles V (1) entr'autres et depuis par le génie militaire, et qui ont donné lieu à la découverte de fondations considérables, attestent également l'existence d'une construction d'une certaine importance. Ce point fortifié se trouvait placé à l'embranchement de diverses voies dont la principale allait de Paris en Flandre et une autre de Reims (*Durocortorum*) par S.-Quentin (*Augustum Veromanduorum*) à Arras. L'autre fort se trouvait beaucoup plus rapproché de la rivière. Il ne paraît presque pas douteux que ce dernier, bâti avec une certaine somptuosité, n'ait servi d'habitation à Herchinoald ou Archambault, maire du palais, héritier, comme les autres Francs, des conquêtes des Romains dans les Gaules, et des monuments qu'ils y avaient laissés, et dont il sera parlé plus loin. Cette dernière forteresse comprenait dans son enceinte tout le terrain depuis l'ancien hôtel-dieu (démoli), toutes les maisons et la place de la poissonnerie, les rues du *point du jour*, du château et des juifs, jusques et y compris une partie de la grande place. Ce château reste debout jusqu'aux incursions des Normands qui le détruisirent en 884. On prétend que le portail de l'hôtel-dieu, dont les bâtiments subsistaient encore il n'y a pas plus d'un demi-siècle, avait été bâti avec les débris de ce palais (2), ainsi

(1) Beffroi (voir cet article) et la charte d'octroi.
(2) Voir Mabillon, de castro Peron. et Mezerai.

qu'un beffroi que j'ai tout lieu de croire avoir été construit
sur l'emplacement du tribunal actuel et qui fut démoli
par arrêt du 20 février 1397 parce qu'il menaçait ruine
(voir 884).

Dans les premiers siècles de la monarchie, l'enceinte
primitive de Péronne se trouvait bornée à peu près à la
circonscription du Mont-des-Cygnes, au sommet de laquelle s'érigea l'église de S.ᵗ-Fursy, et la paroisse de Soyebaut-Écluse, devint son faubourg du côté du midi : au
nord elle ne s'étendait point au-delà du château dont il
vient d'être parlé. A l'est et à l'ouest on peut encore voir
les hautes murailles qui lui servaient de clôture et qui
forment aujourd'hui des murs de terrassement aux jardins
de divers particuliers. Il est certain que la Somme alors
venait en baigner les pieds, au moins du côté de l'est; mais
les atterrissements successifs où l'abaissement du niveau
de la Somme, occasionné par le retrait des eaux de ce
fleuve, ont permis à des rues de se former au bas de ces
anciennes fortifications qui, effectivement, et comme le
disent les chroniques, devaient être redoutables et pouvaient soutenir un siège de longue durée, eu égard aux
armes de guerre usitées en ces temps reculés.

Comme nous ne nous sommes proposé, dans cet
essai, que de rassembler des matériaux que nous avons
trouvés épars dans des manuscrits presqu'indéchiffrables,
et que nous n'avons ni le projet ni les moyens de former
un corps complet d'histoire, nous allons suivre un ordre
chronologique par siècle et par dates, en rapportant à leur
place les faits qui nous en paraîtront dignes et en leur
donnant plus ou moins d'extension suivant leur importance.
Nous ne nous dissimulons pas ce que ce récit aura d'in-
complet. Nous serons obligé de laisser de nombreuses
lacunes, surtout pendant les premiers siècles de la monar-

chie; mais qu'on nous le pardonne. Nous n'avons voulu enregistrer que des faits bien prouvés ou rendus probables par la tradition, ayant à cœur de ne rien affirmer là où l'histoire se tait.

3.e SIÈCLE. — Saint-Quentin, surnommé, comme il a été dit, l'apôtre du Vermandois, vint prêcher dans nos contrées et en convertir les habitants au christianisme vers la fin du 3.e siècle. La petite église bâtie sous l'invocation de ce saint se trouvait à l'extrémité et à gauche de la langue de terre qui forme le faubourg au midi. Chose assez singulière, c'est que ce premier monument de la foi de nos pères fut aussi le premier qui tomba sous le marteau révolutionnaire. Ses fondations se trouvaient au-dessous du niveau de la Somme, et les corps de ceux qu'on enterrait dans son cimetière étaient enfoncés dans l'eau où on les retenait forcément au fond de leur fosse pour les empêcher de surnager, jusqu'à ce qu'on les eut recouverts d'une quantité de terre assez grande pour qu'ils ne pussent se relever.

6.e SIÈCLE. 530. — Sainte-Radegonde, fille de Berthaire, roi de Thuringe, tué par Hermanfroi, vint à Péronne en 530, comme captive du roi Clothaire Ier, vainqueur de ce guerrier. Elle était alors âgée de onze ans. Ce prince la fit élever à Athies, ville et forteresse à deux lieues de Péronne. Il existait alors dans la première de ces villes un collége où l'on enseignait les *lettres humaines*; elle y fit de rapides progrès. Clothaire l'en retira pour l'épouser. Elle résidait de temps en temps au château de Péronne. Dans plusieurs occasions elle contribua à faire rendre la liberté aux captifs qui y étaient détenus, et, notamment en l'année 541, Fortunat, historien de la sainte reine, avait vécu dans son intimité et joui de toute sa confiance. C'est donc comme témoin oculaire qu'il nous raconte ce fait dans l'histoire de sa vie.

541. — Cette même année fut remarquable par une circonstance rare, un phénomène peu commun ; c'est qu'il fit tellement chaud en automne, qu'on y vit des fleurs comme au printemps et que beaucoup d'arbres portèrent de nouveaux fruits.

J'ai parlé tout-à-l'heure de la ville d'Athies. Cette cité n'est plus aujourd'hui qu'un modeste village que traverse la petite rivière d'Aumignon ; tout ce qu'on peut y voir encore, ce sont les nombreux vestiges des fortifications dont elle était entourée.

7.ᵉ SIÈCLE. 636. — Quoique Péronne ait appartenu à plusieurs reprises à des seigneurs particuliers, cette ville n'a cependant jamais cessé de relever de la couronne. Elle fut comprise dans la dot de Rothilde, fille de Dagobert I.ᵉʳ, mariée le jour de Noël à Soissons, à Lyderick, comte de Flandre.

646. — Rothilde étant morte sans enfants, Péronne retourna à Clovis II qui la donna à Archambault ou Herchinoald, nommé maire du palais en 646 avec le titre de comte. Ce fut pendant que Péronne était en sa possession que S.ᵗ Fursy, prince d'Irlande, dit-on, et évêque en France, où il prêchait la foi, mourut à Mézières ou Mézerolles. Archambault, lié d'amitié avec le saint évêque, qui était resté plusieurs années au monastère du Mont-S.ᵗ-Quentin, partit aussitôt pour réclamer ses restes ; mais il éprouva une vive opposition de la part des peuples, qui, ainsi que lui, en revendiquaient la possession. On fut sur le point d'en venir aux mains ; mais on convint de part et d'autre de s'en remettre au sort, et deux jeunes bœufs qui n'avaient point encore subi le joug, attelés à un char, furent chargés du précieux fardeau. On prétend aussi que ces animaux, arrivés à quelques lieues de Péronne, furent détélés, et qu'on mit à leur place deux jeunes enfants de *sept* ans qui traînèrent sans peine le char jusques sur le

Mont-des-Cygnes. L'endroit où eut lieu le miracle est un village qui a conservé le nom de *Lesbœufs*. Il est probable, mais la légende n'en dit rien, que les bœufs suivirent le cortège et s'arrêtèrent aussi au pied du mont. Jusqu'ici on peut à la rigueur en croire la chronique; mais il faut avoir une foi robuste pour croire que les animaux ayant eu soif, et ayant frappé la terre de leurs pieds, firent sourdre cette fontaine qui sort du roc au côté sud du *Mons Cycnorum* et qui porte le nom du saint. Quoiqu'il en soit, et que cette source ait une origine surnaturelle ou subordonnée aux lois physiques, le fait est qu'elle produit une eau excellente, la meilleure sans contredit que la ville possédât jusqu'en l'année 1834, époque à laquelle des puits artésiens publics, ayant remplacé les puits ordinaires, fournirent une eau dont la qualité est au moins égale à celle de la fontaine. Toutefois cette dernière, jadis entourée d'un mur en maçonnerie, et où l'on descendait à l'aide de quelques degrés pour y puiser de l'eau, a été, il y a une vingtaine d'années, recouverte d'une voûte en briques. Les pierres et immondices qu'on jetait dans son bassin ont nécessité cette mesure. On y a ménagé une pompe qui alimente abondamment le voisinage. Ces eaux forment un petit canal de cent cinquante mètres environ et vont se jeter dans la Somme en avant des grands moulins; la rive gauche de ce petit canal est en grande partie bordée par des maisons de blanchisseuses qui ont une grande foi dans la vertu de cette eau pour blanchir le linge. Mais revenons à nos bœufs et à leur mythologique histoire. Il faut convenir que l'historien de S.-Fursy nous a donné là deux jolis pégases. Je ne sache pas qu'ils aient monté la lyre d'aucun poëte péronnais.

Archambault ou Herchinoald était parent de Clovis II par sa mère; c'est Grégoire de Tours qui nous l'apprend. Il concourut au mariage de ce roi avec Bathilde. Cette dernière était une esclave à laquelle il avait fait donner de l'éducation. Elle avait de rares qualités qui, ainsi que sa beauté, inspirèrent de l'amour à ce prince et la firent monter comme reine sur le trône de France.

654. — On prétend que S.ᵗ Fursy mourut en 654.

658. — Selon Frédegaire, Archambault serait mort en 653. Leudésie, son fils, lui succéda comme maire du palais et comme comte de Péronne, titres dont il jouit jusqu'en 674; appelé en cette même année à une conférence par Ebroïn, également maire du palais, révolté contre le roi, celui-ci le massacra. Leudésie n'ayant point laissé d'héritiers, Péronne fut de nouveau réunie au domaine de la couronne jusqu'en 690, époque à laquelle elle passa sous la domination d'Ingomer ou Ingoman, comte de Vermandois.

660. — Clothaire III et Bathilde, sa mère, canonisée depuis, résidèrent quelquefois à Péronne. Ils signèrent tous deux à Éterpigny, ou mieux à Esterpigneul (Esterpignolium), village sur la Somme, à une lieue de la ville, le 23 décembre 660, la charte de fondation de l'antique monastère de Corbie, charte par laquelle ils accordèrent aux religieux dix belles terres pour leur subsistance (*voir le Père Longueval; hist. de l'égl. gall.*)

BATAILLE DE TERTRY (1).

689. — D'après un fragment d'histoire qui nous reste de Frédégaire, il paraît que déjà Péronne était une place importante, puisque, au bruit de l'invasion de l'armée de Pépin, beaucoup de monde vint se refugier à l'abri de ses murailles. C'est en cette même année que Pépin, dit d'Héristhal, maire d'Austrasie, envoie une députation non pas à l'imbécile Thierry III, mais à Berthaire qui gouvernait en sa place, comme maire du palais, sous ce faible monar-

(1) Ce n'est point Textry comme l'écrivent les Historiens, mais bien Tertry.

que. Il s'agissait d'accorder le pardon à des seigneurs Neustriens disgraciés par Ebroïn, l'ancien maire. Berthaire reçoit la députation avec hauteur. On se prépare à la guerre et la bataille se livre à Tertry, village à trois lieues de Péronne et sur la rivière d'Aumignon. L'armée royale est taillée en pièces, Berthaire tué et le roi poursuivi jusqu'à Paris où Pépin le fait prisonnier. Il s'empare de la ville et règne en quelque sorte sous Thierry III, jusqu'à la mort de ce prince.

Voici ce que dit Colliette (*Hist. du Vermandois, tome I, p. 172*), au sujet de la bataille de Tertry. « Pépin d'Héristal, à la tête des Austrasiens, poursuivait le roi Thierry et Berthaire, maire du palais. Il avait son camp près de Tertry (*Textracium* ou *Textriciacum*), village sur la rivière d'Aumignon, distant également de trois lieues de Péronne et de S.-Quentin. Jaloux de poursuivre les avantages qu'il avait déjà sur ses ennemis, il abandonne son camp, y met le feu et marche contre Berthaire dès le lever du soleil. Une victoire complète fut le prix de son courage. Les dépouilles des vaincus furent distribuées aux soldats vainqueurs, et ceux qui échappèrent au carnage allèrent chercher un refuge dans les églises de S.-Quentin et de S.-Fursy à Péronne. Quoiqu'il ne reste aucun vestige des deux camps, il paraît que celui de Pépin se trouvait près de l'église de Tertry, séparé par l'Aumignon et le marais, de celui du roi Thierry qui avait placé le sien sur une petite élévation où se trouve aujourd'hui le moulin de Cauviguy. »

818. — Tout est obscur dans l'histoire de notre cité depuis Ingomer, comte de Vermandois, sous la domination duquel elle était passée en 690, jusqu'à Pépin, fils de Bernard, roi d'Italie, petit-fils de Charlemagne. Ce Pépin, *sire* de Péronne (ainsi le qualifient les auteurs), laissa trois enfants, Bernard, mort sans postérité, Pépin, comte de Seulis et Herbert 1.ᵉʳ, comte de Vermandois, seigneur de Péronne et de S.-Quentin.

849. — Charles-le-Chauve, roi de France, petit-fils de Charlemagne et fils de Louis-le-Débonnaire, voulant se raccommoder avec Lothaire, son frère, empereur d'Allemagne et roi d'Italie, ces deux monarques eurent, à ce sujet, une entrevue dans le château de Péronne; ils s'y jurèrent une éternelle alliance (*Mabillon, de castro Peronense et Mezerai, t. 3, p. 352*).

884. — Les Normands ravagent le territoire de Péronne, saccagent la ville, s'emparent du château, ruinent le monastère du Mont-Saint-Quentin et dispersent les moines.

890. — Après la retraite des barbares du Nord, Herbert II, comte de Vermandois et prince du sang royal s'occupa de réparer les dommages qu'ils avaient causés, tant à Péronne qu'à Saint-Quentin. (*Belleforest, annales*).

898. — Judith, fille de Charles-le-Chauve, de retour d'Angleterre après la mort de son époux, fut enlevée en 849 par Baudouin, surnommé Bras-de-Fer, comte et grand forestier de Flandre, et forcée de l'épouser; elle lui avait apporté en dot tout le pays compris entre l'Escaut, la Somme et l'Océan, excepté Saint-Quentin et Péronne. Cette dernière ville avait été l'objet de la convoitise de Baudouin. Il paraît que lui, ou plutôt Raoul, comte de Cambrai, son fils, parvint à s'en emparer en 898; mais il ne put s'y maintenir que fort peu de temps, comme on va le voir.

899. — A peine Péronne ainsi que le Vermandois jouissaient-ils d'un peu de repos, grâce à la sagesse et aux bienfaits d'Herbert II, que des différends s'élèvent de nouveau entre Raoul, fils de Baudouin, et Herbert II. Raoul veut de nouveau s'emparer de Péronne; mais Herbert l'attaque, défait ses troupes et le tue de sa propre main.

Charles-le-Simple avait favorisé Raoul contre Herbert II (*voir le président Henault*); mais ce prince s'étant ensuite réconcilié avec Herbert, il l'avait confirmé dans ses titres de propriété du Vermandois et en particulier de Péronne (*Belleforest*); mais Herbert conserva toujours de la haine

contre ce monarque et le désir de se venger. L'occasion
s'en fit longtemps attendre ; mais il semble que cette haine
et la soif de vengeance n'en devinrent que plus vifs avec les
années, et lorsqu'il pût se venger il en profita d'une manière bien cruelle envers ce prince.

922. — Après la victoire remportée près de Soissons par
Charles-le-Simple contre Robert, frère du roi Eudes, et
qu'il combattit et tua lui-même pendant l'action, au lieu de
profiter des avantages que devait lui procurer le gain de
cette bataille, ce prince est frappé tout-à-coup d'une terreur
panique, il s'enfuit en Allemagne, et bientôt après, il vient
se jeter dans les bras d'Herbert II, ne croyant pas se confier
à son plus mortel ennemi. Ce comte l'accable de soins et de
caresses et le fait escorter jusqu'à Château-Thierry, puis
de là l'amène à Péronne, où il le fait enfermer dans une
des tours du château. Après sept années d'une douloureuse
captivité, ce malheureux prince trouva la fin de son existence, il mourut le 27 octobre 929 et fut enterré sans pompe
au milieu du chœur de l'église S.-Fursy. Son tombeau ne
consistait qu'en un petit coffre de pierres oblongues réunies
ensemble. Des circonstances que nous ignorons le firent
exhumer en 1760, et on le plaça derrière le grand autel,
où on lisait encore, avant la destruction de cette collégiale, cette simple inscription :

ICI GIST CHARLES III, ROI DE FRANCE, DÉCÉDÉ AU CHATEAU
DE PÉRONNE, LE 27 OCTOBRE 929.

Ce roi subit pendant sept ans une bien dure captivité.
Tantôt Raoul son rival, tantôt Herbert lui-même, lui faisaient entrevoir l'espoir d'une liberté prochaine ; ils lui
rendaient même des respects comme à leur souverain, et
néanmoins ils n'avaient nulle envie de le relâcher. Raoul,
d'ailleurs, occupait le trône de France, élu qu'il avait été
et sacré par Sculf, archevêque de Rheims, et selon d'autres

par Albon, évêque de Soissons. Nonobstant l'étroite union qui existait entre Raoul et le comte Herbert, la ville de Laon fut un sujet de grande discorde entre eux. Ce dernier voulait l'avoir en sa possession et le roi Raoul désirait la garder pour lui-même. Herbert, n'ayant pu l'obtenir amiablement, songea à se la faire donner par force. Il tira donc Charles de sa prison de Péronne, et le mena parlementer avec les Normands, qui souffraient impatiemment sa détention parce qu'il leur avait donné la plus riche province de France. Cette menace n'ayant rien opéré, il conduisit le roi à Rheims comme pour le rétablir sur le trône. Au moyen de toutes ces menées, Herbert obtint enfin la place. Ayant ainsi ce qu'il désirait, il ramena Charles dans le château de Péronne d'où il ne sortit que pour descendre dans la tombe (*extrait de Mezerai, tom. 3*). Herbert II, comte de Vermandois et Hugues-le-Blanc étaient les deux plus puissants seigneurs de France, mais ils ne furent pas toujours d'accord.

932. — Gilbert de Lorraine, jusqu'alors zélé partisan d'Herbert II, se détache de son parti pour embrasser celui de Hugues-le-Blanc, comte de Paris, et, à sa sollicitation, il attaque la ville de Péronne. Il n'en lève le siège qu'après avoir perdu un grand nombre de ses soldats dans des combats partiels. Herbert II, après avoir perdu presque tous ses domaines, n'avait pour ainsi dire plus que la seule ville de Péronne. Gilbert de Lorraine, se voyant forcé de lever le siège, s'en venge sur la petite ville de Ham dont il s'empare.

936. — De 934 à 936, Hugues et Herbert se firent une rude guerre; Hugues était favorisé du roi Raoul qui avait épousé sa sœur. Il paraît que dans une de ces guerres Herbert aurait perdu les villes de Péronne et de Saint-Quentin, lesquelles villes lui auraient été ensuite rendues pendant une trève suivie bientôt d'une paix finale.

943. — Herbert II mourut vers l'an 943, après une vie

fort agitée. Plusieurs auteurs, entr'autres Emmeri, disent qu'il fut enterré à S.t-Quentin. Ils prétendent que Louis d'Outremer, pour venger la trahison commise envers son père, le fit pendre à un arbre sur une montagne appelée depuis ce temps Mont herbert. Ils ajoutent aussi qu'avant de mourir Herbert s'écria : « *Hélas nous étions douze qui trahîmes le Roi Charles.* » Cependant Mezerai prétend qu'il mourut de mort naturelle à Péronne, mais avec d'étranges remords, et en répétant les paroles que nous venons de citer.

974. — Les tables chronologiques de la ville de Rheims font mention (page 123) d'une bataille livrée près de Péronne en 974 et gagnée par un comte Régnier de Hainaut sur les comtes Garnier et Regnault ou Bernold, usurpateurs de ses états. Nous pensons que ce n'est point au voisinage de notre Péronne, mais bien près d'un village de ce nom qui se trouve non loin de Binsch dans le Hainaut, à cinq lieues de Charleroi.

998. — Herbert II eut un fils nommé Albert ou Adalbert I.er qui épousa Gerberge de Lorraine et mourut en 988. Il eut pour successeur Herbert III, auquel succéda Albert II en 1046, remplacé lui-même par Othon, son frère, qui donna Péronne en fief à Robert-le-Barbu, lequel fut nommé prince de Péronne en 1056, titre qu'il laissa à l'aîné de ses enfants, nommé aussi Robert.

COLLÉGIALE DE SAINT-LÉGER.

Au temps de Robert-le-Barbu il existait, sur l'emplacement de l'ancien château, une église sous l'invocation de S.t-Léger. Cinq chanoines étaient attachés à cette petite collégiale, el la chronique dit que ce prince, soit à l'occasion de son avènement ou de toute autre circonstance, les dota richement. On ne sait point au juste l'époque où cette église fut démolie; mais on sait qu'au lieu où se trouvait le chœur fut plantée une croix en grès, de vingt pieds de hauteur, dont le montant était d'une seule pierre. Les chanoines de S.ᵗ-Léger, après la destruction de leur église, furent réunis à ceux de S.ᵗ-Fursy, tout en conservant le titre de chanoines de S.ᵗ-Léger.

Robert, fils de Robert-le-Barbu, eut un fils nommé Odon, auquel succéda Herbert IV, comte de Vermandois, qui laissa son fief à sa fille Adélaïde; elle devint comtesse de Péronne, au préjudice de son frère Eudes, surnommé l'insensé. C'est de cet Eudes que descend la famille des Saint-Simon.

1070. — Nous ne croyons pas superflu de dire ici que le fameux Pierre l'Hermite qui prêcha la première croisade vers l'an 1070 demeura parmi les moines du Mont-S.ᵗ-Quentin, abbaye qui jouissait alors d'une certaine célébrité et où il resta, dit-on, cinq à six ans.

1090. — C'est en cette année 1090 que trois ecclésiastiques fondèrent la célèbre abbaye d'Arrouaise qui fut mère de bien d'autres communautés. Ces trois ecclésiastiques se nommaient Haldemare, Conon et Royer. Ce dernier était d'abord seul hermite dans le lieu de la forêt qui portait le nom de tronc Bérenger. C'était celui d'un fameux brigand qui, avec ses complices, avait choisi ce lieu d'où il détroussait les passants. Cette abbaye était située sur la lisière du Vermandois et de l'Artois, entre le village de Sailly et celui du Transloi, au milieu d'une vaste forêt qui s'étendait depuis Encre ou Albert jusqu'à Terouanne; elle se trouvait aussi près du passage de la voie Romaine dont il a déjà été question, conduisant d'Arras à Rheims. Il ne reste plus rien de ce monastère, et la vaste forêt dont les moines ont commencé le défrichement a presque disparu du sol.

1102. — Adélaïde, comtesse de Péronne, épousa Hugues de France qui devint par ce mariage comte de Vermandois. Cette Adélaïde est, on le suppose, fille ou petite fille de cette autre Adélaïde, fille d'Herbert IV. Hugues mourut

deux ans après son mariage, laissant un fils Raoul qui prit
le titre de comte de Péronne en 1120. C'est en partie dans
ce mariage d'Adelaïde que Louis XI puisait son droit de
reversion du Vermandois à la couronne.

1109. — En cette année le roi Louis VI résida quelque
temps à Péronne auprès de Raoul I.er.

HOPITAL DE S.t-LAZARE OU S.t-LADRE.

1118. — Les habitants de Péronne établissent une léproserie sous l'invocation de S.t-Lazare ou S.t-Ladre, à l'ouest
de la ville, près du village de S.te-Radegonde qui s'étendait
alors beaucoup plus au nord-est qu'aujourd'hui. Cet hôpital se trouvait à l'endroit où est situé actuellement le bois
du Quinconce. Nous nous rappelons avoir vu dans ce bois,
à l'époque où on le plantait, des traces de fondations de
cet établissement. Les autorités civiles avaient l'administra-
tion de cette léproserie. Il parait qu'elle possédait là une
ferme considérable qui fut incendiée par l'ennemi vers la
fin d'août 1536, pendant le siége, après toutefois qu'il l'eût
pillée et qu'il eût enlevé les récoltes qu'elle contenait. Des
titres de 1230, 1375 et 1376 portent qu'on ne recevra aucun
lépreux en la maison de S.t-Lazare s'il n'est de la commune
de la ville; ils disent aussi qu'on ne recevra ni frère ni
sœur si ce n'est du consentement de Messieurs de la ville.
On voit aux registres des résolutions du 17 février 1552
et 5 janvier 1553, les *forme* et *manière* observées pour la
réception d'un lépreux et le mettre en possession dans la
maison et hôtel S.t-Ladre. Lorsqu'un habitant devenait lépreux, il demandait au mayeur à être reçu à l'hôpital
S.t-Ladre. Pour y entrer il fallait qu'il fût pauvre et surtout bourgeois de la ville, et ce qu'il y a de singulier
c'est qu'on l'envoyait se faire visiter à Laon. Nous ne
pouvons résister au desir de citer à ce sujet ce qui fut
dit et fait à l'occasion d'une demande pour S.t-Ladre du

6 juin 1357. Cela pourra donnner une idée des formalités
à remplir et du style employé par nos aïeux il y a 500
ans : « *Item ce jour (6 juin 1357) Jehenne Espargnemaille,*
« *fille de Regnault le Bochu, seignefia par devens le ville*
« *que elle était batue du mal de S.ᵗ-Ladre, et que elle était*
« *bourgeoise et fille de bourgeois; pourquoi elle requérait à*
« *aller en le maison de S.ᵗ-Ladre. Ce furent li fre de S.ᵗ-*
« *Ladre mandés, et furent daccord li mayeur et li fre que*
« *elle fut envoiée à l'espreuve de Laon, et pour ce que elle*
« *est povre il soit affirmé que ce que on dit en sera jugié*
« *et témoigné soit ferme et estable, est assavoir que se elle*
« *jugiée malade, que elle a ladite maison ainsi que il ap-*
« *partenra à son estat; et se elle ne l'est mie, que elle ni*
« *soit mie. Et en cette manière, lidite Jehenne l'a accordée*
« *et a tenir, sans aller ou envoier a autre espreuves.* » Elle
fut menée à Laon à S.ᵗ-Ladre où, après examen, elle fut
reconnue ne pas être attaquée du mal de S.ᵗ-Ladre, et de
retour à Péronne : « *fut dit* » le conseil assemblé « *que*
« *elle ne devait mie avoir ne estre mise en le maison de*
« *S.ᵗ-Ladre de Péronne. Et li furent lesdites lettres « du*
» *Prevost de Laon* » *leues mot-à-mot en se présens et aussi*
« *en le présence du maistre et des fres de S.ᵗ-Ladre de Pé-*
« *ronne et de plusieurs autres bônes gens en le maison de*
« *le ville lau ou on a accoustumé a rendre les jugemens.* »

On voit par des lettres du grand aumônier de France,
relatées aux registres à la date des 17 février 1552 et 5
janvier 1553, qu'il ne devait y avoir à S.ᵗ-Ladre que six
lépreux. Il y avait à la fois dans cette maison des frères
et des sœurs pour le service des malades. Je crois, sans
pouvoir l'assurer, qu'il y avait cinq frères et cinq sœurs.
Total 10 pour six malades. Il y avait des règles établies
pour la réception des frères ou des sœurs à S.ᵗ-Lazare.
Nous croyons devoir citer ici les lettres patentes octroyées
le 22 juillet 1400 par les mayeur et jurés de la ville pour
la réception d'un frère.

« *A tous ceux qui ces présentes lestres verront et oiront,*
« *li maieurs et jurés de la ville de Péronne, ayant le gou-*
« *vernement et administracion de là maison de S.ᵗ-Ladre*
« *de Péronne et des frères et sœurs estant en icelle, salut.*
« *Sachent tous que nous au nom que dessus et mesmement*
« *du propre consentement des dis maître, frères et sœurs,*
« *pour le bien proufit et utilité de la dite maison de S.ᵗ-*
« *Ladre et pour le boin rapport et souffisanche qui nous a*
« *esté fait de Jean des Boistiaux, demeurant à Péronne, et*
« *par le moyen de certaine somme d'archent et autres choses*
« *que le dit Jehan des Boistiaux a mis et bailler pour et*
» *au proufit de la dite maison de S.ᵗ-Ladre et pour autres*
« *justes causes qui ad ce nous ont meu et les dis maistre*
« *frères et sœurs, nous, du consentement d'iceux, avons*
« *donné et accordé et, par ces présentes, donnons et accor-*
« *dons le pain, le vivre et le vestir en le dite maison de*
« *S.ᵗ-Ladre, côme a frère d'icelle appartient et qu'il est*
« *acoustumé a faire, depuis hors en avant, toute sa vie*
« *durant, moiennant aussi que ledit Jehan sera tenu do-*
« *resnavant de faire et aidier a faire le proufit de la dite*
« *maison et portera en icelle maison les estoremens pour*
« *sa cambre et fera son pave côme on a acoustumé a faire*
« *en tel cas; et dudit Jehan de Boistiaux avons prins les*
« *sermens acoustumés a faire en telle matière et volons*
« *que dores mais il use et possesse, côme frère de la dite*
« *maison du pain, vivre et vestir et des choses ad ce appar-*
« *tenans, sans lui empêcher en aucune manière, en faisant*
« *et tenant les ordonnances et estatus de la dite maison, et*
« *côme boin frère doit faire. En témoing de ce nous avons*
« *ces présentes lettres scellées du scel aux causes de la dite*
« *ville de Péronne. Che fut fait le XXIIᵉ jour du mois de*
juillet, l'an mil quatre cens. »

1403, 31 déc.—On reçoit une sœur à Sᵗ-Ladre « *moyen-*
« *nant que elle y portera tous ses biens pour delaissier sans*

« *fraude à le maison de S.*-*Ladre, en cas que elle irait de*
« *vie à trépas.* »

1118. — Péronne et l'église de S.ᵗ-Fursy sont la proie
d'un vaste incendie.

Raoul, comte de Péronne, d'Amiens et de Crepy, épousa
Éléonore de Champagne qu'il répudia bientôt pour prendre
Pétronille de Guyenne, ce qui fut le germe de bien des
guerres qu'il eût à soutenir et dont il sortit glorieusement;
car c'était un intrépide et valeureux guerrier. Il avait eu
d'Éléonore un fils, un nommé Hugues, qui, dit le président Hénault, s'associa avec Jean de Matha pour fonder
l'ordre des Mathurins. Il changea par humilité son nom
en celui de Félix; on croit que c'est ce même Félix que
l'on invoque sous le nom de S.ᵗ-Félix de Valois.

1126. — Raoul secourut de ses armes le roi Louis-le-
Gros, attaqué par le comte de Blois, vassal redoutable et
qui s'était révolté. L'armée du comte était trois fois plus
forte que celle de son royal ennemi; mais Raoul vint se
joindre à ce dernier et dans une mêlée il blessa de sa
propre main le prince rebelle dont les troupes, restées
sans chef, prirent bientôt la fuite; ce fut donc à Raoul
que le roi dût son salut; aussi le nomma-t-il bientôt après
son grand sénéchal. Il combattit avec un égal succès le
comte de Marle, ennemi puissant qui exerçait toutes sortes
de vexations sur les marchands, les voyageurs et sur ses
voisins. D'après Flodoard, Odoramus et autres, Raoul
affectionnait tellement la ville de Péronne qu'il préférait
le titre de comte de Péronne à tous les autres, quoiqu'il
fût également comte du Vermandois, d'Amiens et de
Crépy. Il fut généreux, habile politique et bon guerrier.
Il fit battre monnaie. Il n'y a pas très longtemps qu'en
défrichant des terres vers Bapaume, ville de l'Artois à
cinq lieues de Péronne, on trouva des pièces d'or à l'ef-
figie de ce prince.

Raoul eut quatre enfants, deux fils et deux filles. Simon,

l'un de ses fils, fut évêque de Noyon, et l'autre succéda à son père sous le nom de Raoul II. Il est plus connu sous celui du Lépreux. Epoux de Marguerite de Flandres, il mourut sans postérité. Des historiens prétendent qu'il fût enterré, ainsi que son père, à Crespi en Valois, dans l'abbaye de S.-Arnould; cependant, vers le milieu du XVIIIᵉ siècle, on voyait au Mont-Saint-Quentin, parmi plusieurs marbres tumulaires qu'on avait conservés lors de la démolition de l'ancienne église en 1740, une de ces pierres portant ces mots très-bien gravés en caractères gothiques : *Cy-gît Raoul, comte de Vermandois, etc.* Il est très présumable que cette pierre recouvrait les cendres de l'un de ces deux Raoul. L'année de la sépulture ne put être déchiffrée. Le comte était représenté sur ce marbre noir en costume guerrier, avec la casaque de guerre, les bottines, les éperons, le coutelas, etc.

Des deux filles qu'avait eues Raoul, la seconde, Eléonore, mourut sans enfant quoiqu'elle eût eu successivement quatre maris. La première, Elisabeth, épouse de Philippe d'Alsace, devenue héritière de son frère mort sans enfant, comme on l'a dit, transporta ses biens à son mari. Louis VII approuva cette donation sur laquelle revint par la suite Philippe-Auguste.

1150. — Raoul 1ᵉʳ fonda en 1150 une Commanderie dans le village d'Éterpigny, près Péronne. La charte appelle *Sterpignolium* le lieu où le comte céda aux frères hospitaliers de S.-Jean de Jérusalem, une maison et un jardin avec toutes les terres labourables, franches et quittes de tous droits et coutumes. Raoul II, son fils, par une charte de 1158, leur donne encore la seigneurie d'Horgnies, *Horlionensis*, du consentement de Mathieu d'Horgnies qui la possédait. Le tout fut ratifié par Philippe d'Alsace et Élisabeth de Vermandois, son épouse, en 1770. Divers seigneurs firent également d'autres donations à l'hospice d'Éterpigny; ce qui accrut beaucoup les biens de cette maison, ce fut la réunion qu'on y fit de la plus grande partie de ceux que possédaient les Templiers dans le Vermandois, et dont on dota cette commanderie à la destruction des chevaliers du Temple, en 1311.

Il paraîtrait que l'un des deux Raoul, probablement Raoul II donna Péronne en fief avec le titre de Châtelain à un nommé Eudes; mais il est difficile de savoir en quelle année se fit cette cession. Toutefois Raoul et sa postérité devaient en rester suzerains.

C'est de l'un de ces premiers Châtelains que sort l'illustre famille des Godefroi, qui a donné des rois à Jérusalem.

L'abbé Godefroi, fils du Châtelain de Péronne, abbé et réformateur de l'abbaye du Mont-S.¹-Quentin, était oncle de Ida, mère de Godefroi et de Baudouin, qui régnèrent successivement à Jérusalem.

Pierre l'Hermite, né à Amiens, l'apôtre et le chef de la première croisade, avait été élevé dans le monastère du Mont-S.¹-Quentin, où il resta cinq à six ans, sous la discipline de l'abbé Godefroi.

Eudes eut de sa femme Fredeburge un fils nommé Roger, qui lui succéda, mais qui mourut avant l'année 1158. D'après le moine Gosse, prieur de l'abbaye d'Arrouaise, dont il a été parlé et qui écrivit une histoire de ce monastère imprimée en 1786, la généalogie de ces Chatelains se trouvait tracée presque toute entière dans les Chartres de l'abbaye pendant l'espace d'un siècle.

1158. — Pierre Ier, châtelain de Péronne. Il avait pour femme Clémence...... Un de ses frères, Anselme, était chatelain de Ham.

1178. — Hugues de Mauvoisin, chatelain feudataire de Péronne.

1183. — Accord à Amiens entre Philippe d'Alsace et Philippe-Auguste, pour la succession du Vermandois. Après la mort du premier, Baudouin, comte de Flandre, son neveu, revendique encore la succession et prend parti pour Richard d'Angleterre contre le roi de France.

1191.— Après la mort de Philippe d'Alsace, comte de Flandre, auquel Péronne appartenait comme seigneur suzerain, elle avait été réunie à la couronne. On conservait aux archives de la ville une charte de l'année 1191, qui fait mention de cette réunion *(Coll. vj, fol. 302)*.

1192. — Beaudouin de Flandre vient à Péronne sur la foi des traités. Bientôt il y fait entrer par surprise une forte colonne de troupes et s'en empare; mais il la garde peu de temps et la rend au roi par suite d'un traité conclu la même année à Péronne. Des historiens prétendent que c'est à cette époque que Philippe-Auguste érigea définitivement la ville en commune. Selon un M. de Pieffort elle aurait même déjà joui de ce privilège en 1182. Il cite en preuve une ancienne charte de cette époque où il est question d'un mayeur nommé Vaultier ou Walter ou Gauthier Falkeese; mais nous croyons que tous sont dans l'erreur, à moins que la ville ait pu être en même temps soumise à l'autorité d'un seigneur et régie par une municipalité; car nous voyons que Pierre II était châtelain de Péronne et seigneur de Bray en 1202, et que Gauthier ou Waultier ou Walter son fils lui succéda dans ses titres. Ce fut probablement ce dernier qui épousa Elisabeth, fille de Jean Ier, châtelain de Lille. A Gauthier succéda Eudes en 1213. Nous pensons que le Walter, mayeur, dont parle M. de Pieffort, n'était autre que le châtelain Gauthier ou Waultier, et qu'il s'est trompé sur le chiffre de la date; erreur qu'on comprend bien de la part de celui qui déchiffre de vieilles chartes.

ÉRECTION DE PÉRONNE EN COMMUNE.

1209.— Charte de Philippe-Auguste par laquelle Péronne est érigée définitivement en commune, avec institution de la justice et droit de seigneurie accordés aux mayeurs et échevins, tant en la ville que dans la banlieue.

En 1789 on ne possédait plus qu'une copie de cette charte. Elle établissait douze maires de métiers qui procédaient à l'élection de vingt-quatre prud'hommes. Ces vingt-quatre prud'hommes élisaient dix jurés choisis parmi les principaux de la ville, lesquels, à leur tour, en choisissaient dix autres, et ces derniers dix autres complétaient le nombre de trente. Ces trente échevins ne pouvaient point être parents jusqu'au degré de cousin germain. On voit dans cette charte quelle était l'étendue de la banlieue. Il est fâcheux qu'on ne puisse savoir quelle était alors la population de la ville. On diminua plus tard le nombre des jurés ou échevins, comme on va le voir. Les élections se faisaient tous les ans au 24 juin, jour de la S.-Jean. Le nombre de ces officiers municipaux fut plus tard réduit à quinze, puis à sept par une charte du roi Henri II, du 2 juin 1548. À partir de cette date le peuple élisait les prud'hommes, qui choisissaient le mayeur et deux échevins. Ces trois personnages, après avoir prêté serment, en choisissaient deux autres « de l'ancienne loi, » c'est-à-dire de la municipalité dont le mandat expirait. Ces cinq faisaient ensuite élection de deux autres, ce qui formait le nombre sept, y compris le mayeur. Après l'élection, ces élus se rendaient à l'église de S.-Jean pour y entendre la messe. A leur retour, le mayeur prêtait d'abord serment au baillage, après quoi il recevait celui des échevins; ces officiers municipaux se distribuaient alors leurs fonctions respectives et nommaient ensuite aux différentes mair<i>eries, telles que mairerie du pain, mairerie du vin, des marchands de cuirs à poil, de l'eau, des marchands mélés</i>, etc., etc.

Le mayeur était pris parmi les échevins et pouvait être continué pendant trois ans. Il avait la moitié des clefs de la ville et le gouverneur l'autre moitié. Il remplaçait ce dernier en cas d'absence. En 1667 le mayeur présida un conseil de guerre à l'occasion d'un soldat déserteur. Ce dernier fut condamné à mort et fusillé. Je ne rapporte ce fait que pour faire remarquer les prérogatives dont jouissait ce magistrat. Le 2 avril de l'année suivante le mayeur, commandant en l'absence du gouverneur d'Hocquincourt, donne ordre à un détachement d'aller au-devant d'un convoi. Le capitaine s'étant refusé à ce service fut envoyé aux arrêts. Dix ans après l'octroi de la charte d'Henri II, le 8 juin 1558, parut un édit du même roi, daté de Montréault, qui ordonne que nonobstant l'édit qui excluait des fonctions d'eschevin les gens de robe, il les y rappelle et qu'au lieu de sept il y en ait à l'avenir douze.

1213.—Eudes, châtelain de Péronne, auquel succéda son fils Jean.

1217.—Il y avait alors à Péronne un maître et des frères de la milice du temple, comme on le voit par une charte du roi Philippe-Auguste, à eux adressée, portant ordre de laisser jouir les habitants du droit qu'ils ont de faire paître leurs bestiaux dans les prés du Catelet, près du village de Cartigny, et où ils possédaient une commanderie. Il existe dans Péronne une maison qu'on dit leur avoir appartenu, ou du moins l'emplacement, car la maison est de construction moderne; cependant un petit bâtiment antique resté debout et qui sert de cuisine, nous paraît devoir remonter, quant à son origine, à l'époque où florissait l'ordre des Templiers. Son architecture est gothique; il est voûté en ogive et sa disposition intérieure fait penser qu'il a pu autrefois servir de chapelle ou d'oratoire. Cette maison appartient aujourd'hui à M. Moillet.

1214.—Après la célèbre bataille de Bouvines, gagnée par Philippe-Auguste sur les princes confédérés, un de ces princes, Renaud, comte de Boulogne, fait prisonnier et couvert de blessures, fut transporté à Péronne par ordre du roi et renfermé dans le château, où il mourut enchaîné par le milieu du corps à une grosse solive de bois dans une tour qu'on appelait alors la tour neuve.

1223. — Louis VIII séjourna à Péronne; il y signa un privilège en faveur des moines de l'abbaye du Mont-S.¹-Martin.

1224. — Baudouin, comte de Flandre, fait prisonnier en Grèce par Joanice, roi des Bulgares, en 1205, avait fini ses jours dans la captivité; mais ses peuples ne pouvaient croire à sa mort. Bien des années s'étaient écoulées, lorsqu'un ermite, retiré dans la forêt de Glançon en Hainault, et qui cachait soigneusement son nom et son rang, est soupçonné d'être le comte Baudouin. Charmé d'un rôle si brillant, l'imposteur, après s'être longtemps refusé aux hommages qu'on voulait lui rendre, se donne enfin pour le vrai comte de Flandre, et bientôt il réunit un très-grand nombre de partisans. Louis VIII, à qui il paraissait suspect, voulant découvrir la vérité, le somme, comme son vassal, de se rendre auprès de sa personne et lui donne la ville de Péronne comme rendez-vous. Ne pouvant éviter cette entrevue, il arrive en cette ville accompagné du duc de Brabant et de Valeran de Luxembourg, donnant des fiefs, conférant l'ordre de chevalerie, à la manière des princes. Lorsqu'il parut devant Louis, le monarque lui dit : « Beau sire, quand vous êtes-vous marié? Quand avez-vous reçu l'accolade de chevalerie? Quand m'avez-vous fait hommage du fief de Flandre? L'imposteur ne put répondre que par des paroles évasives et prit la fuite pendant la nuit. Arrêté peu de temps après dans les états de Bourgogne, Jeanne, comtesse de Flandre, le fit pendre sur la place de Lille.

1245. — Le roi S.¹ Louis assemble le parlement à Péronne. On y décide de la succession des Dampierre et des Davesnes.

CHASSE AUX CYGNES.

1245. — Il existait encore à cette époque beaucoup de

cygnes sur les eaux qui entourent Péronne. Comme on l'a
vu ils y avaient élu domicile depuis des temps très-reculés,
puisque le monticule, où la ville se trouve assise, portait
le nom de *Mons Cycnorum*, qu'il tenait de la domination
romaine. Peu à peu l'accroissement de la population aura
diminué le nombre de ces oiseaux. Aujourd'hui on n'en
voit plus un. Nous ne croyons pas cependant que leur dis-
parition soit un fait très ancien, car il nous semble avoir
entendu dans notre enfance des vieillards parler de la
chasse aux cygnes comme d'une circonstance dont ils
avaient dû être témoins. Toutefois au 13.ᵉ siècle il est certain qu'il en existait encore beaucoup sur les eaux de la
Somme, et qu'ils s'y reproduisaient, comme aujourd'hui
les canards de nos poissonniers. On se procurait le plaisir
de les chasser, et c'était, à ce qu'il paraît, à certaines
époques un des amusements de nos ancêtres. Il y avait, à
l'occasion de cette chasse, des règlements de police et
l'autorité s'était réservé le droit d'en fixer les jours d'ouverture et d'indiquer les cantons où elle était permise. On
voyait aux archives, à la date de 1245, la copie d'une
lettre adressée à la ville par un chanoine de la collégiale
de S.-Fursy, portant désistement de certain procès qu'il
avait au sujet des limites de ses eaux avec celles de la ville,
situées entre Péronne et Flamicourt, et par laquelle lettre
il donne pouvoir aux habitants d'avoir des cygnes sur lesdites eaux, se réservant néanmoins d'en ôter les nids quand
bon lui semblerait (tom. 1, cote 7, fol. 133). Il paraîtrait
résulter de ce document la preuve que ces cygnes auraient
été élevés là, dans un état de demi-domesticité, et que la
ville possédait des biens communaux.

1256. — Le roi Louis IX, au retour de la Croisade, vint
à Péronne, assister à la translation des reliques de
S.ᵗ Fursy, cérémonie qui se fit avec une pompe extraordinaire.

1260. — Le même monarque sentant la nécessité, vu

l'ignorance de ses barons, d'introduire des clercs dans ses conseils, y appelle en 1266 un nommé Julien, de Péronne.

LE COUSTRE

1260. — Jehan de S.ᵗ-Amand, chanoine de la collégiale de Saint-Fursy, était coustre ou coûtre de Péronne. On donnait le nom de coûtre à celui qui avait le soin de faire sonner les cloches et à qui étaient confiées les clefs d'une église. Il est à croire aussi qu'il n'y avait de coûtre que dans les églises collégiales, car on appelait indifféremment le coûtre sous la dénomination de coûtre de Péronne ou coûtre de S.ᵗ-Fursy. Il était aussi souvent qualifié du titre de clerc de notaire et de secrétaire du Roi. C'était une charge qui n'était pas sans honneur, car nous lisons « le mardi de la fête de S.ᵗ-Martin 1356, on décide de présenter au coûtre de Péronne, pour sa fête, un bœuf de la valeur de seize écus; » plus loin, « que le 25 juin 1359, on apprend qu'il y a un nouveau coûtre à Péronne. Il avait envoyé annoncer son entrée solennelle à l'hôpital et prié les autorités d'être du repas. On lui offre un muid de vin. » On donnait aussi le vin d'honneur au doyen du chapître de S.ᵗ-Fursy à son entrée, et les magistrats allaient en corps à sa rencontre. Or, d'après ce qu'on lit ici, on voit que le titre de coûtre de Péronne, ou plutôt de S.ᵗ-Fursy, était une assez haute dignité. Cette charge était beaucoup plus élevée que celle des coûtres des églises ordinaires qui n'étaient autres que des marguilliers. Les coûtres de Saint-Quentin avaient aussi de grands priviléges. Le nom de coûtre, coustres, ne semblerait-il pas venir du mot latin *custodire*, garder.

1264. — Jean III, châtelain de Lille et de Péronne, vend en 1264 la châtellenie de Péronne à Guillaume de Longueval qui la cède en 1266 au roi Saint-Louis. Cette maison portait un lion dans son écu. Ainsi la seigneurie de Péronne retourne encore une fois à la Couronne. Edouard de Beaujeu, maréchal de France, en fut le premier gouverneur sous ce monarque.

1270. — Un habitant de Péronne nommé Flechier, convaincu du crime de faux, fut banni à perpétuité et sa maison démolie, par sentence des mayeurs et échevins de la ville.

HOTEL-DE-VILLE.

1292. — On fit cette année l'acquisition d'un bâtiment pour servir d'hôtel-de-ville; cette acquisition fut confirmée par lettres du roi du mois de février 1292. Ce bâtiment se trouvait surmonté d'un beffroi. Mais à qui appartenait cet édifice qui devait avoir une certaine importance, puisqu'il était surmonté d'un beffroi? Il se pourrait qu'il servit antérieurement d'habitation aux anciens châtelains, et qu'il eut été construit avec les restes ou partie des restes de l'ancien château détruit par les Normands en 884. Toutefois on ne peut que former des conjectures à ce sujet. Le beffroi de ce nouvel hôtel-de-ville fut démoli un peu plus d'un siècle après, par arrêté du 20 février 1397, parce qu'il menaçait ruine et que le nouveau beffroi était achevé (voir la date 1376 et 1397). Nous n'avons pu savoir à quelle époque il fut transféré à la place qu'il occupe aujourd'hui. Ce qui est certain c'est qu'il fut reconstruit vers 1370.

1293. — Établissement de la foire par deux chartes de Philippe-Lebel, des mois de février et juin 1293. Des chroniqueurs prétendent qu'elle existait antérieurement à l'octroi de ces chartes, et que le monarque ne fit que confirmer le privilège. Elle fut fixée au 29 septembre de chaque année, franche de droits, et d'une durée de huit jours. Pendant sa durée on ne pouvait être poursuivi pour dettes. On plantait chaque année, à la Saint-Michel, jour de son ouverture, un poteau où était affichée cette charte. Quarante-trois ans après, cette foire fut réduite à quatre jours par une charte de Philippe VI du mois d'avril 1336, sans toutefois toucher à ses franchises et libertés.

1304. — Philippe-le-Bel vient à Péronne après la bataille de Courtrai. Il y rassemble son armée et y signe une trève. Après la bataille de Mons-en-Puelle, Philippe, vainqueur, repasse par Péronne. Pour manifester aux habitants de cette ville sa satisfaction pour les secours en argent et en hommes qu'ils lui avaient fournis, il leur accorde la seigneurie de Soyebaut-Écluse, qui est aujourd'hui le faubourg dit de Paris ou du midi, ainsi que la propriété des grands moulins qui pour lors se trouvaient encore hors de l'enceinte de la ville. Soixante livres parisis fut toute la somme qu'il exigea pour ce beau présent. Le nom de Soit-bot-écluse qui faisait partie de cette largesse royale paraîtra singulier et son étymologie difficile à trouver ; toutefois voici comment on l'explique le plus vulgairement. Le nom primitif de cette paroisse était vraisemblablement l'écluse. Elle était comme aujourd'hui séparée de la ville par la rivière qui au moyen d'un barrage ou écluse alimentait les moulins. Comme la chaussée qui y conduisait était peu praticable, surtout par les mauvais temps, vu qu'au temps reculé où elle reçut son nom, cette chaussée n'étant point pavée, il fallait nécessairement être botté pour aller à l'écluse. Nous n'adoptons pas du tout cette étymologie qui nous paraît un peu forcée, d'autant plus qu'on donne des guêtres (peronasi) à nos ayeux, et que nous croyons que les bottes étaient rares alors. Mais sans vouloir en substituer une autre, nous dirons qu'aux registres aux délibérations du 14.e siècle, dont nous avons compulsé un grand nombre, le nom de cette paroisse y est constamment écrit : Soyebaut-Ecluse, formant deux mots dont l'orthographe, du premier surtout, démontre l'erreur dans laquelle sont tombés ces étymologistes. Au surplus, sans vouloir s'évertuer à trouver l'origine de son nom, on peut, sans trop se risquer, avancer, avec quelqu'apparence de vérité, que cette paroisse peut revendiquer un droit d'ancienneté sur la ville; car, comme nous l'avons déjà dit, c'est à Soyebaut-Ecluse que fut érigé le premier temple chrétien, au milieu d'une petite population de pêcheurs, dont ceux d'aujourd'hui sont peut-être les descendants, car ils ont encore des mœurs primitives. Ils voguent presque constamment sur leurs eaux, avec leur barque et leurs filets. Partant le lundi au petit jour, ils ne rentrent que le soir pour souper et se coucher, n'ayant, pour ainsi dire, jusqu'au samedi, de contact qu'avec le poisson qu'ils pêchent. Ils passent le dimanche en famille, après s'être débarrassés de leur barbe hebdomadaire et, autrefois, après avoir lissé leur queue. Car nous devons dire, pour l'édification de l'histoire, que c'est parmi les poisson-niers du faubourg de Paris que nous avons vu la dernière queue ornant la nuque de leur doyen vénérable qui avait nom Merlier et qui, muni de ses quatre-vingts ans, est mort sur son bateau. Mais, pour en revenir à leur profes-sion, ils ne se bornent pas à tendre des pièges aux habi-tants des eaux de leurs marais; ils ont encore une autre industrie. Ils s'adonnent, de temps immémorial, à la chasse du gibier d'eau, et, pour cela, ils se construisent au milieu de la rivière des huttes dans lesquelles on ne peut entrer que par-derrière et où l'on ne peut être que couché ou tout au plus assis. La paroi antérieure est percée de trois meur-trières. Ordinairement l'intérieur est garni de foin. A côté se trouve une petite étable où le propriétaire de la hutte loge un certain nombre de canards privés. Cette petite construction se trouve extérieurement entourée de roseaux de manière à simuler un massif de ces plantes. A l'approche de l'hiver, quelque temps avant le passage du gibier, le hutteur se forme, vis-à-vis des meurtrières, une belle plaine, un beau clair d'eau, en fauchant les roseaux au fond de l'eau. Lorsqu'il doit passer du gibier, ce que les vieux hut-teurs reconnaissent à certains indices atmosphériques, armés d'un gros et long fusil, vulgairement appelé canardière, ils passent la nuit dans leur hutte ou y viennent de grand matin attendre le gibier qui doit s'abattre sur leur clair-d'eau. Ils ont, dès la veille, attaché à des piquets et en trois lignes divergentes, plusieurs de leurs canards qu'ils appellent des judas. Lorsque le gibier est abondant, on a vu des hutteurs tuer jusqu'à vingt pièces dans une nuit. Les judas, par leurs cris, guident dans l'obscurité les troupes de canards sauvages et les amènent s'abattre dans l'endroit où ils sont retenus captifs. Après la chasse, le hutteur lache ses canards et leur laisse la liberté d'aller pâturer où ils veulent. Cependant, pour ne pas les perdre, il les marque par un certain nombre de petites incisions au bec et il leur fait deux fois le jour une distribution de grain. Chaque hutteur a son cri particulier pour appeler ses judas et pas un de ces derniers ne se trompe au cri de son maître qu'ils entendent de fort loin. Une grande partie du gibier que l'on abat ainsi est expédié pour Paris avec le poisson de la Somme.

1320. — Philippe V dit le long assemble les états généraux à Péronne et y vient lui-même.

1336. — Les Anglais, avec lesquels on était presque toujours en guerre, ravagent le territoire. Une maladie pestilentielle exerçait à cette époque ses ravages par toute la France, elle n'épargna point les péronnais.

1339. — Philippe de Valois était à Péronne dans les derniers jours d'octobre 1339 avec une armée de cent mille hommes. Edouard d'Angleterre faisait alors le siège de Cambrai.

1349. — Le beffroi servait de prison pour les bourgeois. Le mercredi d'après la Toussaint 1349 on y mit un récalcitrant qui avait tiré l'épée contre la force publique. Il paraît que cette prison n'était pas du goût de ceux qui y étaient détenus, car souvent ils demandaient comme une grâce à être transférés dans celle de la ville.

3.

1350. — Le roi Jean donne à Jean d'Artois, comte d'Eu, la seigneurie du château de Péronne, dont celui-ci prend possession.

1351. — On pendait pour le vol et on décapitait pour le meurtre. On fit le procès à un certain Joseph Le Barbière d'Ytres, soupçonné d'avoir volé trois hanaps à un cabaretier. Étant en prison et aimant mieux être décapité que d'être pendu, il s'accuse de la mort d'un nommé Cauchy, dit Roussel. Il fut en effet décapité.

1352. — On avait déjà l'habitude à cette époque d'allumer des bougies pour crier certaines ventes ou baux à faire. Voici quelques lignes prises au registre aux délibérations pour l'année 1352. Nous les citons ici, pour donner une idée du style de ce temps : « *Le Joesdi prochain après le Quasimodo, 19e jour du mois d'avril l'an mil trois cent 52, li maieurs fist alumer une candaille en le maison de le ville et icelle ardent il fist crier les Moellins (Moulins) de le ville qui jadis furent le roi nos. Lesquels Jehan de Naues avait pris a chensse (à cens) au maieur pour le ville depuis le jour de la feste notre-dame en march (mars) derain (dernier) passé en l'an 51 dusque (jusque) a le saint Pierre entrant, après enssuivant qui sera en l'an 52, et de la en avant jusques au terme de trois ans continuiels et enssuivans depuis le dit jour saint Pierre pour le prix de LXIe l'an, vin et renchière accoustumée et a paier as termes accoustumés, etc... *»

MARCHÉ FRANC.

1352. — Cette même année un marché franc fut octroyé par Philippe de Valois. Il devait se tenir le jeudi. A cette époque la ville était souvent en dettes et obligée d'emprunter à divers particuliers sur leur *taille* prochaine.

1354. — Il existait à Péronne des tisseurs de draps; les chapons étaient déjà spécifiés dans les baux comme pot de vin en sus de fermage.

1355. — Il existait alors une *mairerie* des fripiers. A ce propos, nous voyons que le mercredi prochain avant la S.-Michel 1355 : « *Item ce jour fut accordé que li ville fache faire a sen coust les haions pour mettre et vendre les draps a le feste de cette ville; et que li ville les loueche chascun au as drapiers et a chiaus qui y vauront vendre et en prenge chascun au fuer a pris resonaule pour chacun haion.* »

Il y avait *une rue des Vaches*. Elle aboutissait à une poterne à laquelle était une planchette pour l'usage des piétons. — On appelait *Sauldoiers* les gens d'armes qui étaient envoyés à l'armée du roi par la ville et payés par elle.

La police était faite alors avec une sévérité qui paraîtrait bien dure de nos jours. En 1355, un boucher nommé Gilles le Faucon, qui avait vendu aux gens du bailly de Vermandois du mouton avarié, fut condamné à voir sa viande brûlée et à aller en prison au beffroi pour un mois, avec défense d'exercer son métier pendant un an et un jour.

Il y avait alors des inspecteurs chargés de veiller à la qualité de certaines marchandises. Ils portaient le titre d'Eswardeurs; Eswardeurs à la Chair, Eswardeurs à la Gondallè, au vin, etc. Cette expression me paraît dériver du mot picard warder, garder, soigner. Il y avait aussi une halle affectée à la vente de certaines denrées. Par arrêt du conseil de la ville du 11 juin 1355, les drapiers furent obligés de vendre à la halle, et non en leur maison, le jeudi, qui était, comme nous l'avons vu, le jour du marché franc, concédé à la ville depuis 1352 par le roi.

1355. — Il existait alors, le long des murs de la ville, du côté de la porte Saint-Nicolas, un petit cours d'eau qu'on appelait Ruissel de Glavion. Le moulin de Bélésaises, à l'embouchure de la petite rivière de Cologne dans la Somme existait déjà. L'orthographe de son nom n'a pas changé.

Un certain nombre de fortes tours protégeait la ville. Il paraît qu'elles avaient toutes un nom particulier. Une de ces tours s'appelait tour la *Poulette*, elle se trouvait près de la porte neuve. Un peu plus loin, en allant vers le faubourg de Bretagne, était une tourelle appelée tourelle des Frères meneurs ou mineurs. Il y avait encore la tour du Bouldre, la Paillarde, etc.

1356. — On élisait un roi des Ribauds. Le 2 mai 1358 on établit roi des Ribauds, Colin la Capelle, au lieu d'Adam Lefebvre, dit Louchette.

1357. — Le Bailli de Vermandois tenait ses assises à S.¹-Quentin et à Péronne. On était dans l'usage de lui envoyer du vin pendant son séjour; or, le mercredi après la S.¹-Denys 1357 « *che pour ce que li bailli de Vermandois avait fait d' ses assises de Péronne a cest mardi prochain venant, et il estait nouviau bailli, fut conseillier que à sa venue on li fasche un present de pisson, et aussi pour ce que présentement il tient ses assises de S.¹-Quentin, que on sache si li ville de S.¹-Quentin li envoie en chasque jour deux fois vin, ainsi que autfois a esté fait; et sur ce on ara advis se on ii enverra vin ou non.* »

1358. — Les habitants des campagnes environnantes qui venaient se réfugier en ville à l'approche de l'ennemi étaient obligés à un impôt. En cette année 1358, il fut de six deniers pour livre. Les monastères des environs y avaient aussi une maison de refuge. Les moines du Mont-S.¹-Quentin possédaient une maison à cet usage au faubourg de Bretagne.

Lorsqu'on craignait quelque surprise, le conseil de la ville ordonnait que les habitants éclairassent les rues. Chaque rang de maisons avait son tour. On restait armé jour et nuit. « *25 août, jour de S.¹-Louis 1358 est conseilleit que pour les doubtes que on a des ennemis du roiaume qui sont assis près de Noion, que chascun se tienge warnis de ses armeures et les ait vestues jour et nuict pour lui deffendre toutes fois que nessessités et besoins sera, et que es nuicts chacun alumeche lanterne as huis ou a fenestre a un*

*rens et a l'autre, seur le paine° de deux sous appliqués as
ouvrages de la ville.* »

1358. — Ce fut en cette année que les maieurs et eschevins décidèrent qu'il y aurait un marché aux chevaux.
L'homme chargé de percevoir les droits dans les marchés
s'appelait Paageur ou Peageur. Tous ceux qui commettaient
quelque délit, outre l'emprisonnement ou autres peines
plus graves, étaient condamnés en une amende envers la
ville.

1359. — Au mois d'août la comtesse d'Eu, femme du
seigneur ou gouverneur du château de Péronne, accoucha
d'un fils ; comme le comte dut faire une grande solennité
au baptême de l'enfant où devaient être conviés plusieurs
évêques, abbés et nobles, le conseil résolut de faire présent à la nouvelle accouchée de « *un tonel de vin de Saint-
Jean, le meilleur que on porra trouver en le ville.* »

Le maieur rendait ses comptes non-seulement par-devant
les jurés, eschevins, mais encore vis-à-vis les habitants,
qui étaient avertis du jour et de l'heure au son de la grosse
cloche (la bancloke).

La ville de Bray, à 4 lieues de Péronne, est assiégée par
des Routiers Allemands du parti d'Edouard III. Elle se défendit vaillamment et fut secourue par le comte de S.-Pol
et quelques autres chevaliers. Péronne craignant l'armée
d'Edouard qui se dirigeait de Calais vers Rheims, et n'ayant
pas de capitaine, appelle Galehaut de Ribemont qui se trouvait à Tournai. Celui-ci est blessé en chemin dans un combat. On le transporte en ville où l'on panse ses blessures.

1360. — Le duc d'Orléans et le comte d'Eu viennent pour
loger au château de Péronne avec une suite nombreuse. Les
habitants les soupçonnant, sans doute à tort, de quelque
mauvais dessein, leur ferment les portes de la ville, vont
assiéger le château où résidait la comtesse d'Eu, mettent
le feu aux bâtiments de l'avant-cour et se portent à mille

insolences. De là ils font une sortie contre les princes, les attaquent, les poursuivent avec acharnement, rentrent enfin dans la ville et s'y tiennent en armes plusieurs jours. Cette révolte leur attira bien des disgrâces, entr'autres celle d'être privés pendant près de huit ans de tous leurs priviléges.

1363. — Jean, comte d'Eu, fils de celui dont il vient d'être question, meurt à Péronne et est enterré à S.-Fursy.

Sur les registres aux résolutions de la ville de Péronne se trouve une lacune à partir du mois d'octobre 1359 jusqu'en 1392, lacune comprenant un espace de trente-trois ans. Pendant cet intervalle, celui qui se trouvait chargé de la rédaction du procès-verbal des séances fut remplacé par un autre, soit parce qu'il mourut, soit par toute autre cause; mais son successeur changea le mot *Ramenbranches* qu'il mettait auparavant en tête de la rédaction de chaque séance pour y substituer celui d'*Assemblée*.

1368. — Charles V rend aux habitants de Péronne les priviléges que leur révolte leur avait fait perdre, par lettres patentes du 27 février 1368; mais ce fut moyennant une somme que s'imposèrent les habitants.

OCTROI.

1369. — Par lettres patentes du 16 décembre 1369, le roi accorde à la ville un octroi.

1370. — Les Anglais, sous la conduite de Robert Knolles, ravagent le Vermandois, mais n'attaquent point la ville.

BEFFROI.

1376. — C'est en cette année que l'ancien beffroi menaçant ruine, les habitants de Péronne demandent au roi Charles V la permission d'en construire un nouveau et de se servir à cet effet de matériaux provenant d'anciennes fortifications. Quoique ce beffroi, détruit à son tour depuis peu d'années parce qu'il était peu solide et très-défectueux, tombe déjà dans le domaine de l'oubli. Cependant, nous qui avons grandi sous son ombre, nous qui avons été très-ardent pour sa défense et qui avons fait tous nos efforts pour obtenir sa conservation dans les débats du conseil municipal, nous croyons devoir en parler avec quelque détail afin d'éloigner de l'oubli de nos concitoyens un monument qui a participé pendant quatre siècles et demi à la vie de notre cité. Le roi Charles V fit donc droit à la supplique des habitants par la charte dont on va lire une fidèle copie et qui se trouve au registre 1er des chartes, cote 28, lequel se trouve dans nos archives municipales :

Charles, par la grâce de Dieu, roi de France, au bailly de Vermandois et au Prévot de Péronne, ou à leurs lieuxtenens, salut : à la supplication de nos bien amez les maire, jurez et communauté de notre ville de Péronne, disans que pour ce que nous avons de nouvel la dite ville remise en loy et donné corps et commune pour en joir en la manière que autrefois l'avoient eu soubz aucunes modifications déclariés en chartres et privileges sur ce faites, les dits supp... ont entention et propos de faire si come il est nécessité, un beffroi en la dite ville, pour mettre cloches et faire prison ou premier lieu ou il estoit quand il fut habatuz, et pour faire a moins de frait, aient advisé a le faire de grès et autre machonnerie dont ils pourront fuier de legier en une rue appelée la rue de Bretaigne qui par l'ordenance de aucunes Charte par nous...... sur la visitation des fortresches de la dite ville, a été ordené estre demolie ou abatuz come fortresche non tenable et le matiere des murs de la dite fortresche tournée et convertie en l'usage de le fortresche tenable de la dite ville. Tous ces choses considérées, avons ottroyé et ottroyons aux dis supp.... de notre grace especial, qu'ils puissent prendre les dis grès en la dite rue de Bretaigne de la minuille de la dite ville pour faire le dit beffroi. Si vous mandons à chascun de vous, si come a lui appartendra que

les dis supp... faciez joir et user paisiblement de notre pre-
sente grace et ottroy sans les molester aucunement en impo-
sant quant a ce a tous nous autres justiciers silen:. perpétuel.
Donné à Paris en notre Chastel du Louvre le 25ᵉ jour d'avril
de l'an de grace mil trois cens soixante et seze et le xiij de
notre regne. Signé Charles, et plus bas, Lefeuvre.

Nous ne savons où nous avons vu que les travaux furent
commencés la même année; mais ce qu'il y a de certain
c'est qu'il est impossible de l'apprendre par les registres
aux délibérations; car, soit par suite d'accident ou d'incurie, soit que les minutes de ces délibérations se soient
trouvées placées dans un lieu humide, les feuilles du registre qui les contient ont été tellement avariées, ou plutôt
pourries, qu'à partir de 1359 il se trouve une lacune de
trente-trois années. La fin de 1359 est presqu'illisible par
suite de cette altération. Ces délibérations reprennent en
1392, et ce n'est qu'en 1395 que nous commençons à trouver quelque chose de relatif aux travaux du beffroi. Au mois
d'août de cette année, le conseil vote un impôt sur tout le
corps de la ville pour activer les ouvrages du nouveau
beffroi. On vote également pour le même objet l'impôt
d'une demi-année sur les vins (fol. 112).

Nous lisons encore pour la même année « le derain jour
de novembre de l'an 1395, par devent le maieur appelé sire
Foursi Jehan le Capellier et plusieurs autres du conseil, et
aussi Jacquemart le Flament Gille étant carpentiés, Mikiel
ponier, Thiebaut le gouge, Malhias le Cayeur, machons et
autres ouvriers, fu veue le devise du beffroi par maistre
Gille Biault, le maistre des œuvres de S.-Quentin, et fut
advisé par le dit maistre Gille, pour le mieux, que le sou-
bassement qui est comenchié se hauchera et parfera come est
le premier estoige dessoulx, et icelle parfaite ou pourra assir
sur le beffroi de boz pour pendre le sonerie et laissier espase
autour de le carpenterie pour machoner et faire ce qui sera
pourfitable pour le bien et pourfit de la chose.*

Quelques mois après il y eut nouvelle délibération; elle se trouve au folio 123

« *Et le lendemain 16ᵉ jour de juin 1396 fut accordé pour le parfait du beffroi le devise qui s'en suit, lequel devise fu faite par Gille Biault, Jacquemart le Flament, Mikiel Flagol, Jehan Mikault, Remi le machon et autres et fu jetté pourtrait et scingé par eux en le maison Carbonnel, et monstré a la ville et la accordé : c'est assavoir que le dit beffroi se hauchera et parfera tout de grès par dehors. Sur la fin seront toursées a quatre cornes quatre tourelles petites, castuné sur trois tas de corbiaux et a castune tourelle deux huisseries pour passer parmi ront et autour du beffroi; avant pilz toursiés sur deux tas de corbiaux et en castun pan des dis avant pilz trois petis crestioux et en castune tourelle un ou deux petis crétiaux, et se comencheront les dis avant pilz par dessus les fenestres et au desseur du beffroi qui est fait pour sonerie; et seront les tourelles carpentés de carpenterie longue et couvertes d'escaille. Et quant au Cloquier du dit beffroi il sera sur les murs et massich du dit beffroi et se arraseront les solles sur le massich de la machonnerie par dedans œuvre et au desseur du beffroi de le sonerie; lequel cloquier sera desquairre come est le machonnerie jusque à 15 pies de hault et depuis la en amont sera 8 costés et ara 30 pies de montant et depuis les 30 pies en aval, tant que les 15 pies desquairre duient aux queuverons tout autour de l'estourie du dit beffroi qui se reposeront sur les cretiaux et qui couvreront les dis avant pilz tellement que on puist aller tout autour du beffroi a toit couvert et seront les dis Cloquiers et avant pilz fremés ensemble de carpenterie a toit couvert d'escaille et aussi sera le dis Cloquier bien loyés et bien fermés de fons en comble, ainsi qu'il appartient; bouquettes cauchonnies et entrebauchés par dedans et plates sur les murs. »*

On trouve encore aux folios 125 et 127 quelques dispositions, au sujet du monument en construction, trop peu importantes pour les rapporter ici. Nous terminerons nos citations, en ce qui concerne l'édifice par lui-même, par cette dernière : « *11 septembre 1396 item on fu daccord pour le mieux et pour le plus et par l'opinion des ouvriers que on fera ou beffroi ou comble, ou plus hault iiij petites fenestrelles telles que les ouvriers verront être pourfitable* (fol. 130).

Lorsque le beffroi fut achevé, il fallut le garnir des cloches nécessaires pour son service, aussi y plaça-t-on d'abord, et même avant qu'il fût entièrement couvert, comme semble l'indiquer la délibération du 20 février 1396 citée plus haut, la cloche qui se trouvait au beffroi de la maison de ville et qui avait été fondue en 1304. Le 16 mars 1397 la ville vendit des rentes pour se procurer trois cloches à cette destination, et le 11 avril 1398 (fol. 136), on conclut un marché avec Guillaume de Croisilles et son fils pour la fonte de ces trois cloches, en joignant au métal neuf le produit de la refonte des vieilles. Lorsqu'elles furent fondues, la première pesait 3,200¹, la seconde 1,600, la troisième 1,200.

On construisit autour du rez-de-chaussée du beffroi des étançons ou étaux à l'usage des bouchers et dont on retira un loyer. Cet édifice paraît ne pas avoir servi de suite de prison pour les bourgeois. Ce ne fut qu'en 1418, le 25 juin, qu'il reçut cette destination, qu'il conserva jusqu'en 1789. Une des chambres du beffroi fut destinée, bientôt après son achèvement, à servir de dépôt aux *chartres et trésors* de la ville. En 1514 on confia au Guetteur la clef de cette chambre. A propos de Guetteur, on va voir par ce qui suit en quoi consistait l'office du gardien du nouveau beffroi et quels étaient ses émoluments. « *Ce jour 21 juin 1398 Jehan Floquet de Werpillieres, fu retenu as gaiges de le ville pour le fait du beffroi. et doit faire la veil par nuit, soner toutes heures, warder l'orloge, faire le son du cor et toutes autres choses nécessaires et accoustumées pour fait de beffroi, garder et... sans rien excepter, et commenche son année au jour*

St Jehan-Baptiste, l'an 98, pour le prix de XX franc dor et une cotte hardié et un caperon et portera le vergue come un sergent sans gaiges pour servir le mayeur aucunes fois et pour double des débats et ne point aler hors sans le congiet de le ville.

En 1398 on plaça une horloge au beffroi. Celle qui existait dans ces derniers jours était bien vieille. C'est encore elle qui nous sonne les heures; cette horloge fut transportée et montée à l'église de St-Jean avec les cloches et la sonnerie du beffroi lorsque ce dernier fut abattu. Il contenait plusieurs cloches, et de plus deux autres petites pour sonner les quarts. Dans les grandes solennités toutes les cloches étaient mises en branle à grande volée, et les deux petites rapidement tintées. Cela formait une cacophonie, un carillon assez barbare, mais qui n'était pas sans charmes pour les oreilles péronaises.

Enfin ce monument a dû subir la loi de tout ce qui existe ici bas. Il fut démoli il y a une douzaine d'années, parce que véritablement il était menacé d'une ruine prochaine. Nous-même, si passionné pour sa conservation, nous dûmes nous rendre à l'évidence. Il était effectivement plus rationel de prévenir sa chûte que d'attendre une catastrophe qui eut pu causer de grands malheurs. Toutefois ce monument excitait avec raison l'orgueil des habitants en rappelant à leur mémoire les faits dont il fut témoin. C'est à lui que Péronne doit de n'avoir pas plusieurs fois subi la loi du vainqueur. Sentinelle toujours vigilante, il a déjoué plus d'une surprise de la part de l'ennemi, pendant les longues années, les siècles pourrions-nous dire, où la Picardie fut le théâtre de guerres acharnées et cruelles. Il vit en 1410 la valeureuse population de la cité, se fiant à son courage, refuser les secours qu'on lui offrait dans une circonstance critique. Il vit en 1448 la détresse du rusé Louis XI et les emportements du duc de Bourgogne son redoutable vassal. Est-il un seul de nos concitoyens qui n'ait senti son cœur battre au récit traditionnel du siége de 1536. Cette masse imposante, point de mire des assiégeants, pendant la dernière journée de ce mémorable siége, résista à tous les efforts de l'artillerie de Henri de Nassau. La toiture seule fut endommagée. Qu'on se figure l'émoi, l'allégresse de nos héroïques ancêtres, lorsque le lendemain le carillon de ses cloches et les sonneries de toutes les paroisses leur annoncèrent leur délivrance et la retraite de l'ennemi! Qu'on se souvienne que depuis cette mémorable époque jusqu'en 1789, chaque année à pareil jour, dès l'aube matinale du 11 septembre, le beffroi réveillait les Péronnais dont il faisait bondir le cœur. Ce carillon, plus doux à leurs oreilles que la plus suave harmonie, leur rappelait le courage de leurs pères et les frappait d'un héroïque délire pendant toute cette journée. Beaucoup de personnes de notre âge ont pu être témoins de l'émotion de nos vieillards racontant à leurs fils les détails de cette fête patriotique dont ils avaient été eux-mêmes acteurs et témoins.

Les temps sont bien changés! Quels sentiments aurait fait naître dans l'esprit de cette population l'idée de l'anéantissement de son beffroi! A quels excès se serait-elle portée envers celui qui aurait proposé de faire disparaître ce vieux monument de sa gloire! Outre les nombreuses circonstances qui devaient le lui rendre cher, il lui rappelait encore ses priviléges, ses libertés et ses franchises. C'était lui qui conviait chaque année le peuple à l'élection de ses magistrats, de ses échevins, de son mayeur! Ce peuple devait aimer ses traditions et par conséquent le monument qui lui en conservait le souvenir. Hélas! aujourd'hui il n'en reste plus pierre sur pierre, et bientôt nos fils ignoreront la place où jadis il élevait vers le ciel ses élégantes tourelles.

1383. — Charles VI vint à Péronne en 1383, d'après Froissart. Ce dernier dit que trois commissaires, envoyés par le roi à Tournai pour empêcher les habitants de cette ville de s'unir aux Gantois et aux habitants d'autres villes de Flandre révoltées contre le comte de Flandre, vinrent le rejoindre à Péronne en revenant de leur mission. Ce même comte les y suivit. Charles VI repassa à Péronne peu de temps après, à son retour de Flandre après la victoire de Rosebeque gagnée sur les Gantois.

Lettres de provision du roi Charles VI qui autorise les habitants de Péronne à se choisir un capitaine dans la ville. Pendant longtemps les bourgeois élurent quelque seigneur des environs. Lorsqu'ils eurent des gouverneurs au nom du roi, ils leur déférèrent ce titre. On appelait capitaine le personnage revêtu de la première autorité militaire. On voit dans les archives qu'en conséquence de l'autorisation donnée par lesdites lettres de provision, Floridas de Bazincourt fut nommé capitaine de Péronne et confirmé dans ce titre par lettres patentes du roi du 27 juillet 1383. Il posséda cette dignité jusqu'au 5 mars 1400 qu'elle fut transmise à son fils.

1386. — Au mois d'août de cette année le roi séjourne à Péronne en allant à Boulogne où l'on faisait toutes les dispositions pour une descente en Angleterre. En cette année mourut le premier comte d'Eu, 1er gouverneur de Péronne.

1392. — Quelques années avant que le beffroi neuf eut été livré aux habitants pour remplir les usages auxquels il était destiné, la ville avait fait construire, tout en gros bois de charpenterie, des halles assez vastes et qui occupaient, en bordant la chaussée, l'emplacement qui se trouve vis-à-vis la maison située au coin du Marché-aux-Herbes, et arrivaient jusqu'au beffroi en laissant à chaque bout un espace suffisant pour la circulation. Le 4 mai 1392 on y installa les bouchers et les boulangers, en leur assignant à chacun les étaux qu'ils devaient y occuper. Dans leurs dernières années elles n'étaient occupées que par les bouchers qui n'avaient pas encore reconquis, comme ils l'ont aujourd'hui, le droit de vendre à domicile. Ce bâtiment que nous nous rappelons fort bien avoir vu debout et occupé, avait vraiment un vernis d'antiquité. Il pouvait avec quelque raison revendiquer un droit d'ancienneté sur le beffroi. Ces deux édifices excitèrent la curiosité d'un artiste parisien du nom de Boys qui ne les trouva pas indignes de son crayon. Son dessin a été lithographié par Delpech, à Paris. Il contient aussi une maison remarquable par son âge et les sculptures qui l'entourent, lesquelles, il faut le regretter, portent de nombreuses traces du marteau révolutionnaire. Revenons à nos boucheries. Elles étaient usées, pourries, vermoulues. De nombreux rats y avaient établi leur domicile. Le conseil délibéra, et son avis fut qu'elles avaient fait leur temps et il en ordonna la démolition. Elle date aujourd'hui 1857 de 25 à 30 ans. Rien n'a encore remplacé ces deux édifices si ce n'est une belle plantation de tilleuls sous lesquels se tient le marché aux herbes. Nous ne voulons pas quitter ce sujet sans ajouter que dans l'année 1393 qui suivit leur établissement, on loua les étaux aux bouchers et aux boulangers. Voici quelques lignes de la séance qui les concerne :

« *Auquel jour (novembre 1393) partout le conseil de la ville, fut accordé et ordonné que les estaux des bouchiés seront loués pour un an tant seulement, commenchans au jour du Noel prochain venant, pris XLIII s. castun estal et castun bouchié qui y vaurront vendre, et prendront les bouchiés lesquels qu'il leur plaira et quitteront les los entre eulx ainsi qu'ils verront estre bon.*

Item quant aux estaux en pain, on fut d'accord comme dessus qu'ils seront loués pour le dit an, comenchans au Noël come dessus, pris XXIIII s. castum estal de tous ceulx qui y vendront. Et sont les bouchiés et boulenguiers contrains à vendre es estaulx dessus dis. »

1394. — Il paraît que beaucoup d'habitants élevaient des porcs et les laissaient aller par la ville; car l'autorité était souvent obligée de renouveler les arrêtés qu'elle prenait à ce sujet. *(21 mars 1394)* « *Ce jour fut ordonné que on ferait tenir que nuls ne tiengent pourchiaus alans par le ville sur 10 sous, dont les sergens qui les prendront auront 2 sous sur castun pourchel qui prenderont.* »

1395. — Il se faisait à cette époque une assez grande consommation de vin dans nos contrées et parmi les différentes classes de la population. Ces vins se tiraient en partie du Laonnois et du Beauvoisis. Le pays lui-même en produisait une certaine quantité. Chaque tonneau payait un droit à la ville et ce droit était assis par le conseil municipal chaque année après les vendanges. Il variait suivant la cherté plus ou moins grande de cette boisson. La bière, sous le nom de *gondalle*, était, elle aussi, assujettie à un droit. Il y avait souvent des réclamations au sujet de ce droit par les débitants de vin qui portaient le nom de *tœuniers*, et les débitants de bière qui s'appelaient les *gondaliers*. Il existait dans nos contrées beaucoup d'endroits où on cultivait la vigne; mais le vin n'y était pas d'une qualité bien supérieure. La preuve en est qu'on n'en récolte plus. On peut en voir la différence dans un arrêté de cette année relatif à un afforage du vin. Nous y lisons que le vin du Laonnois sera vendu 20 deniers. « *Item quant au vin de sur le Somme et de chi entour on vendra 10 deniers et non plus* » Ainsi qu'on le voit, ce dernier était estimé moitié moins que le premier.

SAINT-LADRE (Voir page 18).

1395. — Le dernier des frères de Saint-Ladre était mort. On fut d'accord au conseil d'y recevoir autres gens non mariés, hommes ou femmes qui y voudront venir. Ils y seront reçus le plus profitablement qu'on pourra pour la maison, dans la forme et manière qu'on a accoutumé. Il paraît que par les statuts de cette maison, le roi avait le privilége d'y nommer un frère pendant son règne. Le 30 mars 1396, le seigneur de Doingt présenta au conseil une lettre du roi par laquelle il nommait frère de S.ᵗ-Ladre Joseph de Henault, mais le conseil objecta que le roi régnant avait déjà usé de son privilége, et, à cette cause, il refusa d'admettre ledit de Henault.

1397. — En ces temps la population se divisait en trois catégories. Les notables, les moyens et le commun. Il y avait alors à Péronne un droit de péage qui appartenait à la ville. Ce droit existait de temps immémorial. Dans un acte du 2 août 1397 il est dit qu'il n'est mémoire du contraire.

1398. — Le 17 avril, les habitants de Péronne demandent au roi l'établissement d'un grenier à sel qu'ils obtiennent dans le courant de la même année. Il dépendait de celui de S.ᵗ-Quentin; mais le roi par lettres du 13 octobre 1408 retira à la ville la vente exclusive du sel et en laissa la liberté aux marchands. Mais ces derniers ne le conservèrent pas toujours; car ce monopole fut rétabli en 1460. Il existait encore en 1789.

Les tombes, dans l'intérieur des églises, étaient privilégiées, comme on sait. On achetait l'agrément de s'y faire enterrer. Voici ce que nous trouvons dans le registre aux résolutions, année 1398, pour la paroisse S.ᵗ-Jean : « *Quant au fait de l'enterrement de plusieurs qui de jour en jour se veuillent faire enterrer en l'église S.ᵗ-Jehan, conseilliet et accordé a esté par les marguilliez et paroissiens que quiconque si vaurra enterrer, il paiera XIJ livres parisis pour une fois (une fois payés) ou XX sous par an de rente, et pour moins ne sera point rechups.* »

Dans une copie des règlements de la ville datant de 1349 et recopié sur les registres de 1398, nous voyons que l'on faisait déjà usage de la houille comme combustible « *et que nulz ne venge carbon de terre s'il n'est bon et loyaulx et passé l'Esward.* »

Dans ces règlements, au sujet de la foire ou fête de S.ᵗ-Michel, on trouve que l'œillette se cultivait déjà dans nos campagnes, puisqu'elle figure parmi les grains qui sont énumérés au sujet des droits à payer.

1398. — Trois cloches furent fondues par Guillaume de Croisilles, entr'autres la *Banklòke*, du 19 au 21 juin (voir 1376).

1399. — A cette date se trouve transcrit le règlement de police de la ville pour tous les corps de métiers et les bourgeois. Il y avait alors beaucoup de fabricants de drap. Il en était probablement de même dans les autres villes jusqu'à l'établissement des fabriques. Il y avait beaucoup de foulons, de teinturiers, aussi le ruisseau qui traverse une partie de la ville au sud est-il appelé le *ruissel des teinturiers*. Le règlement qui concerne les *tisserands de drap* occupe plusieurs pages. Chaque article pour tel corps de métiers est ainsi intitulé : *panneterie, vineterie, gondalle, boucherie, cabares et pinteries, poissonnerie.* (Il était enjoint aux poissonniers de mer de vendre leur poisson le jour de leur arrivée, excepté le saumon qui pouvait être présenté deux jours sur le marché). *Draperie, wardes, cauches, toilerie, pleterie, cuirs, graisserie, futailles, ferronnerie, poterie d'étain, corderie, kientespointes, friperie, sellerie, armures, mercherie, laignes du bétail, de l'empeschement de la ville, des revendeurs et revenderesses, de le warde de la ville, des deffenses de la ville.*

1402. — Il y avait une porte de la ville qu'on appelait la porte Asson. On y fit cette année des ouvrages considérables pour sa défense.

1404. — Péronne prend le titre de Pairie sous Charles VI, ainsi que Ham, Coucy, Roye et Montdidier.

La ville avait un avocat pour plaider dans les procès, contestations, etc., que les circonstances pouvaient faire naître. Maître Simon de Champlaisant était, en 1404, avocat de la ville aux gages annuels de cent sols. Il avait succédé à Pierre de Soissons dont les gages étaient de dix livres.

En ce temps c'était déjà une coutume bien ancienne de

3.

punir du bannissement de la ville et de la banlieue tous bourgeois qui se battaient, s'ils ne se présentaient pardevant le conseil de la ville pour y recevoir *la loi de le ville* et être jugés *sur le point de la Chartre.* Non-seulement ils étaient bannis, mais leurs parents et amis subissaient le même sort. On entendait évidemment par là tous ceux qui les avaient soutenus dans leur querelle. L'un et l'autre adversaire devaient faire *asseûrement* qu'ils resteraient désormais en paix, et garder ce serment *sous peine de le hart.*

1410. — La ville est menacée d'un siége, probablement par la faction des Orléanais ou Armagnacs qui, en guerre avec le parti Bourguignon, pillaient et désolaient alors la Picardie. A cette nouvelle, les habitants se préparent à la défense de leurs murs. On leur offre une garnison; mais les magistrats répondent qu'ils se contenteront de leurs propres forces et du courage des habitants.

1412. — Copie donnée sous le scel de l'Hôtel-de-Ville, de certaines lettres patentes du roi Charles VI du 28 janvier 1412, portant abolition du Charivari.

Les Bénédictins du Mont-S.t-Quentin font bâtir une chapelle dans une maison de refuge qui appartenait autrefois aux moines de l'abbaye d'Anchin. *(Hainaut)* et que ceux-ci leur avaient abandonnée. On voyait dans une salle de cette maison, sur la cheminée, un cerf sculpté, symbole de la fuite. Beaucoup de maisons religieuses avaient des refuges dans les cités fortifiées, où leurs habitants se retiraient pendant les guerres si fréquentes alors.

1414. — Le roi arrive à Péronne le dimanche d'après la S.t-Jean, alors que les troupes commandées par le duc de Bourbon, après avoir pris Bapaume sur le duc de Bourgogne, étaient occupées au siége d'Arras. Pendant son séjour il dégrève la ville d'un tiers de la taxe.

1415. — Le 14 mai, une délibération des magistrats accorde à Jehan de Ham d'Entheim la place près la croix du château. Bail est fait de ce terrain le... juin 1415, à cens et à rente perpétuelle, à la charge par lui de nettoyer ladite place; de rendre annuellement seize sols, deux chapons, et d'apporter le jour de la S.-Jehan, à huit heures du matin, en l'hôtel-de-ville, un chapeau de roses vermeilles pour être présenté au nouveau mayeur dont l'élection, ainsi que celle des eschevins, se faisait ledit jour. Ce fut en cette même année que se livra la célèbre bataille d'Azincourt. Pendant ces temps de guerre et de désolation, Péronne était en proie à la disette et à cette maladie contagieuse désignée par les auteurs du temps sous le nom de peste.

1417. — La ville, toujours fidèle au roi, quoique la plupart des autres villes de la Picardie se fussent déclarées pour le duc de Bourgogne, et l'eussent reçu, comme dit Mezerai, à bras ouverts, la ville est de nouveau menacée d'un siége. On fortifie la porte S.-Sauveur et l'on se prépare à une énergique défense. Un mandément du 8 mars 1417, adressé par le bailly de Vermandois, capitaine de Péronne, au doyen du chapitre de S.-Fursy et aux gens d'église de la ville, les oblige à payer la somme de cinquante livres par an pour être employée à la réparation des fortifications. Il paraîtrait que le chapitre s'y refusa et qu'il fallut une ordonnance du roi pour l'y forcer. Le roi ordonna au chapitre de concourir à la garde des murailles et à la réparation des fortifications. On écrivit au connétable et à la ville de Paris pour obtenir de l'artillerie dont la ville n'était pas bien pourvue.

1418. — Le 3 juin on apprend qu'Hector de Saveuse, un des lieutenants du duc de Bourgogne, devait venir à Péronne « à la faveur de quelques lettres. » On lui répond que la ville est au roi; que les habitants veulent obéir en tout aux ordres du roi et qu'on délibérera à ce sujet. On lui demande quinze jours de délai afin d'avertir le roi. Il accède à cette proposition et offre un sauf-conduit pour le départ de l'envoyé.

13 juin. Les environs sont infestés par les troupes Bour-

guignonnes. On abat les ponts derrière la grosse tour du château, pour la sûreté de la ville. Le surlendemain 15, on reçoit une lettre du comte de Charolais qui invite la ville à ouvrir ses portes et celles de son château à quelques capitaines de son parti, les sieurs de Bonnières, de Noyelles et Chante-Merle. On s'en excuse jusqu'à ce qu'on ait reçu l'autorisation du roi.

20 juin. On soupçonnait un corps de troupes qui faisait partie de la garnison d'être peu attaché au roi. On lui offre 200 livres pour sortir de la ville. Il en demande 600 qu'on lui accorde. Cette somme est fournie au moyen d'un impôt extraordinaire.

Le 18 août, Monsieur de Robaix et le Doyen de Liége, députés du comte de Charolais, depuis Philippe le Bon, fils de Jean sans peur, duc de Bourgogne, exposent aux autorités de la ville le *bien* que le roi lui a fait des villes et chatellenies de Péronne, Montdidier et Roye. Ils communiquent leurs lettres. On se rend à leur évidence. Bientôt après le comte fait son entrée dans la ville, ayant auprès de lui l'évêque de Tournay. Une députation de cavaliers avait été le devancer. Il descendit de cheval à la porte, et le clergé, en procession, vint le recevoir avec croix et eau bénite. De là il fut conduit à l'église de S.-Fursy où fut chanté un *Te Deum* au grand autel. Il y fit serment pour l'obéissance, selon la teneur des lettres du *don du roi*, « et promit tenir la ville en ses libertés et franchises. » Au dîner on lui présenta une coupe de vermeil de quatre marcs, bien travaillée, et une quarte de vin. Le 7 septembre suivant il nomme un de ses lieutenants, le sire de Noyelles, au titre de capitaine de Péronne.

1419. — Le 23 septembre on apprend la mort du duc de Bourgogne, assassiné sur le pont de Montereau. La grande majorité des habitants se voyait avec regret assujettie à la domination du duc. On s'assemble aussitôt et l'on jure d'être fidèle au roi et de ne reconnaître désormais d'autre autorité

que la sienne. Il paraît que cette sédition fut bientôt répri-
mée et la ville resta en la possession du Bourguignon. Le
sire de Noyelles en fut le gouverneur jusqu'en 1432, époque
à laquelle son fils lui succéda en la même qualité. (*V. 1434.*)

1428. — Prise de Ham et du château d'Happlaincourt par
Martin Lombard pour Charles VII. Le duc de Bourgogne les
rachète bientôt.

1434. — Le château d'Happlincourt près Péronne est de
nouveau repris sur les Bourguignons. La ville de Péronne
y avait envoyé du monde, particulièrement des arbalétriers
et beaucoup d'ouvriers.

En cette même année, le roi rachète Péronne au duc par
l'entremise du sire de Saveuse. Elle reste annexée au domaine de la couronne jusqu'en 1465 où elle retourne de
nouveau sous la puissance du duc de Bourgogne par suite
du traité de Conflans. (*Voir cette date.*)

1464. — Louis XI confie la garde de Péronne au comte
de Nevers. Dans le même temps, tout le pays environnant
est ravagé par le comte de Charolais, depuis Charles-le-
Téméraire. Ces dévastations furent telles que les habitants
de la ville et de la banlieue sollicitèrent de lui la permission
de mener paître leurs troupeaux à Susoi, près Noyon.

1465. — Par suite du traité de Conflans, toutes les villes
sur la Somme devaient être remises au comte de Charolais
et n'étaient rachetables qu'après la mort de ce prince et
pour le prix de deux cent mille écus d'or. Nesle et Roye
s'étaient déjà rendues au duc de Bourgogne. Celui-ci, se
fiant peu aux bonnes dispositions des habitants et à la fidélité de Louis XI à tenir ses promesses, voulait cependant
se mettre le plus tôt possible en possession de la ville de
Péronne qui ne se hâtait pas d'ouvrir ses portes. Il eut
recours à la ruse et voilà comment il s'y prit :

Un nommé Ackemberg s'était fait donner des sauf-conduits
par le sire de Saveuse, au moyen desquels il allait libre-
ment au château. On a tout lieu de croire que ces allées et

venues avaient pour but de gagner le comte de Nevers, gouverneur de la ville. Le 3 octobre, vers quatre heures du matin, Ackemberg, accompagné des seigneurs de Roubaix et de Frommelle, et suivi de cinq à six cents hommes, s'approche secrètement et sans faire le moindre bruit des murs de la ville du côté du château, dont l'accès était beaucoup plus facile qu'aujourd'hui à cause des glacis et du village de S.te-Radegonde (*) qui les couvraient. Il laisse sa troupe, puis, au moyen de quelques échelles, il parvient lui douzième jusque sur le rempart du château, d'où il pénètre sans obstacle dans l'intérieur. Après avoir surpris les sentinelles, il arrive au donjon où sommeillait paisiblement le comte de Nevers, qui logeait cette même nuit le sire de Sailly et plusieurs autres seigneurs. Ackemberg et ses compagnons les surprennent au lit et les font prisonniers. Le tumulte qu'occasionne cette surprise est si grand qu'il est entendu de la ville. Les bourgeois s'assemblent et se rendent en armes au château. On leur apprend qu'ils appartiennent au duc de Bourgogne et on les somme de se rendre. Ils tiennent conseil et délibèrent jusqu'au soir. Enfin le résultat de la conférence est de se rendre puisqu'il existait un traité. Le comte de Nevers fut soupçonné de s'être laissé corrompre. (*Voyez Mezerai et Monstrelet.*)

1468. — Charles-le-Téméraire avait conclu une trève avec les Liégeois ; mais ils étaient excités secrètement à la révolte par des émissaires de Louis XI, dans le but d'obliger le duc à employer contre ce peuple une partie de ses forces et de diminuer ainsi celles qu'il pourrait lui opposer; mais n'osant ensuite confier sa fortune aux hasards d'une bataille, Louis propose à son fier et puissant vassal de conclure une trève. Il s'offre de payer les frais de la guerre et engage le duc à une entrevue, lui offrant d'aller lui-même le trouver

(*) Ce village était alors beaucoup plus rapproché de la Porte Saint-Nicolas.

à Péronne presque sans suite. Il avait été poussé à cette conférence par la perfidie du cardinal de la Ballue, sa créature, qui entretenait de coupables intelligences avec Charles. Celui-ci consent à l'entrevue et le roi a l'imprudence de se confier à son vassal. Il entre à Péronne le 11 septembre, accompagné seulement de quelques princes du sang, de quelques seigneurs et d'une seule compagnie de sa garde écossaise.

Deux jours se passent à débattre assez tranquillement les intérêts réciproques ; mais toujours en alarmes pour sa sûreté personnelle, le roi, logé dans une grande et belle maison en ville, mais qui n'offrait aucun moyen de défense, demande à se loger dans le château. A peine y est-il installé que le duc Charles apprend que les Liégeois ont rompu leur trève, qu'ils se livrent à toutes sortes d'horreurs ; qu'ils ont fait prisonnier leur évêque, frère du duc de Bourbon, et qu'ils l'ont impitoyablement massacré ainsi que plusieurs membres du haut clergé ; que de plus des agents français ont été reconnus parmi les instigateurs de ces désordres.

A ces nouvelles, la fureur du duc est au comble. Il constitue le roi prisonnier, se sert contre le monarque des épithètes les plus outrageantes, et médite d'épouvantables projets de vengeance.

(*) « En vain Louis jure par la paque Dieu, son juron ordinaire, qu'il n'a contribué en rien à cette dernière attaque des Liégeois ; en vain il disait : Si monsieur de Bourgogne veut aller mettre le siège devant leur ville, j'irai avec lui. Ses protestations, ses offres, rien n'est capable de modérer l'emportement du duc. Il avait cessé de voir le roi. Celui-ci voyait, de son appartement, la terrible tour où Herbert, comte du Vermandois, avait enfermé le malheureux Charles-le-Simple qui y perdit la couronne et la vie. La honte d'une

(*) Voir Anquetil.

pareille faute, le repentir, l'effroi l'assiégeaient et troublaient son esprit. Cependant il vint à bout, par l'entremise des princes et seigneurs de sa suite, d'entamer une négociation. Il osa même quelquefois contredire des propositions qui lui paraissaient trop dures. Mais à ses remontrances, les agents du duc n'opposaient que ces mots : « *Monseigneur le veut, et ainsi l'a ordonné.* » Le roi se taisait, prenait la plume et signait. A force d'or et de promesses, il avait gagné ceux qui l'approchaient et entr'autres Commines. Par eux il était instruit des dispositions du duc et de la conduite qu'il devait tenir. »

« Ces perplexités durèrent trois jours. La nuit du quatrième le duc se rend à l'appartement du monarque. Son regard était sombre, son geste, en le saluant, embarrassé. D'une voix rauque et tremblante, il lui dit : *Voulez-vous garder fidèlement le traité que vous avez signé ? Voulez-vous le jurer ?* Louis XI répond : *Oui.* — *Consentez-vous de m'accompagner à Liège et de m'aider à tirer vengeance des Liégeois ?* — *Je le promets.* — La paix est jurée alors sur la croix de Charlemagne qu'on appelait aussi la croix de Victoire et que le roi portait toujours dans ses coffres. » Après le traité que le roi signa dans sa prison, il sortit de captivité et partit avec le duc de Bourgogne pour le siége de Liège, contre ces mêmes peuples qui venaient d'arborer pour lui l'étendard de la révolte.

Au retour de cette expédition il ne voulut point repasser par Paris parce qu'il avait appris que beaucoup de Parisiens avaient instruit des oiseaux à prononcer le mot : Péronne. Outré d'une plaisanterie qui lui rappelait sa faute impolitique et la situation pénible où il s'était trouvé, il leur fit enlever leurs cerfs, daims, chevreuils et surtout leurs oiseaux.

1469. — Le comte de S.-Pol, Louis de Luxembourg, est pris à Péronne. Comment, à quelle occasion et par qui, c'est ce qu'il n'est pas facile de décider. Quoiqu'il en soit, sa captivité ne fut pas longue, car nous le voyons, dans l'histoire, connétable de France pendant les années suivantes, intriguer pour ou contre son roi avec le duc de Bourgogne ou Edouard d'Angleterre jusqu'en 1475 qu'il est livré par le Bourguignon à Louis XI; celui-ci lui fait faire son procès et le fait exécuter en place de Grève le 19 septembre.

1472. — Le duc de Bourgogne rassemble ses troupes à Péronne, marche sur Nesle, la prend après plusieurs assauts vaillamment repoussés par le gouverneur, nommé petit Picard. Il fait pendre ce dernier ainsi qu'une partie de ses officiers, fait couper le poing au reste, et par ses ordres une partie des habitants est étranglée ou massacrée.

1475. — La ville, toujours au pouvoir du duc de Bourgogne, est menacée d'un siège de la part des Français. Le duc écrit aux habitants le 11 mai. Il leur recommande d'être fidèles à son service, leur promettant de les dédommager des pertes qu'ils pourront essuyer.

Le 26 on s'occupe de réparer les fortifications ou à retenir les eaux dans les fossés. On diminue de hauteur la tour Hangard.

1476. — 31 janvier. Après la mort du duc de Bourgogne, la ville se déclare pour le roi qui se trouvait pour lors à Falvy, village à trois lieues de Péronne. On lui envoie une députation pour lui demander que les prévostés de Péronne, Montdidier et Roye soient pour toujours réunies à la couronne, sans pouvoir jamais être séparées soit par mariage de princes ou princesses, soit de toute autre nature. On lui demande aussi par le même message d'accorder de nouveau le commerce du sel aux marchands. Il vient à Péronne et accorde divers privilèges, entr'autres l'exemption de la taille; mais il n'abolit point le monopole du sel.

1477. — Après la mort de Charles-le-Téméraire, tué devant Nancy, le roi Louis XI ne tarda pas à s'emparer, au préjudice de l'héritière de Bourgogne, des villes sur la Somme.

C'est donc à cette époque que Péronne retourna au domaine de la couronne.

1479. — 3 mai. La garnison de Cambrai veut surprendre la ville après s'y être ménagé des intelligences; mais le complot est découvert à temps et la ville délivrée d'un danger réel.

1480. — Le roi, par lettres patentes du 16 mars, remercie la ville des services qu'elle lui a rendus et de sa fidélité. Il reconnaît en même temps les habitants pour ses plus fidèles sujets. Cette lettre est datée du Plessis-lès-Tours.

1481. — Le roi renouvelle pour la ville l'exemption de la taille.

1482. — Philippe de Crèvecœur fonde le couvent des religieuses Claristes : c'est la seule communauté qui ait résisté aux orages de la première révolution. Les religieuses, dispersées pendant la tourmente, se sont réunies de nouveau après l'orage. Elles font de temps en temps quelque recrue dans nos campagnes.

1500. — Il existait hors et à peu de distance du faubourg de Paris, ou de Soybaut-écluse, une petite chapelle avec un cimetière. On y enterrait entr'autres, ou peut-être exclusivement, les morts de l'Hôtel-Dieu. Ce cimetière et sa chapelle avaient été érigés en l'an 1500 par suite d'un accord fait entre le curé de la paroisse de S.-Quentin-en-l'eau, au faubourg de Paris, et les frères et sœurs de l'Hôtel-Dieu. Il est probable que cette chapelle est l'origne du nom donné au hameau qui se trouve en cet endroit et qu'on appelle La Chapelette.

1507. — On est de nouveau instruit que l'ennemi veut surprendre la ville et l'on prend des précautions contre toute surprise. On exige que les nobles et gens d'église concourent au service militaire. Ces derniers, c'est-à-dire les chanoines de S.-Fursy, s'y refusent et font soutenir les privilèges qui leur ont été conférés par le roi et par lesquels ils s'en croient exemptés.

1509. — L'Hôtel-de-Ville étant *vieil et caduc*, on songe à le rebatir ; mais comme on manque de fonds, on demande au roi Louis XII la perception des droits seigneuriaux des prévostés de Péronne, Montdidier et Roye, pour être employés à sa reconstruction. C'est pendant cette même année 1509 que l'on mit la dernière main à l'église de S.t-Jean, la seule qui soit restée debout et qui ait été respectée par les démolisseurs révolutionnaires de 93.

1512. — 3 janvier. La ville est menacée d'un siége. Les compagnies d'archers et d'arquebusiers sont chargées de se pourvoir d'armes pour défendre la ville et de vivres pour un an. Puisqu'il est ici question pour la première fois, dans cet essai chronologique, des compagnies dont nous venons de parler, il ne sera pas hors de propos de consacrer quelques lignes en leur honneur, d'autant plus que dans une multitude de circonstances elles ont rendu d'éminents services à notre cité et au royaume.

L'origine de ces compagnies remonte vraisemblablement au temps où Péronne fut primitivement entourée de murs et de fossés. Il n'est question ici, bien entendu, que des compagnies d'archers et d'arbalétriers. Chacune d'elles avait un chef qui portait le titre de connétable. Ils avaient aussi un roi ou empereur. Les archers et les arbalétriers allaient souvent jouter avec les villes voisines comme Arras, Bapaume, Cambrai, Saint-Omer, Nivelles, Saint-Quentin, etc. La ville, en ces occasions, leur accordait certains subsides et leur fournissait quelquefois des moyens de transport pour leurs armes et bagages. Réciproquement aussi, les villes susdites envoyaient leurs archers et arbalétriers à Péronne pour y disputer les prix qu'on tirait à certaines époques. Souvent des détachements de ces compagnies étaient commandés pour aller guerroyer au-dehors, soit par suite de réquisitions du prince, soit par le patriotisme des autorités locales. En 1424, un peloton d'arbalétriers se trouvait au siège de Guise et soldé par la ville. Les chefs de ces compagnies étaient tenus de pourvoir leurs hommes, en cas de guerre, d'armes et de vivres pour un temps déterminé. La ville ayant, en maintes circonstances, reconnu l'utilité de ces compagnies, leur avait accordé divers privilèges, entr'autres l'exemption du guet et de la garde. Elle leur faisait, dans certaines circonstances et à certains jours fériés, des distributions de vin.

Ce fut vers les premières années du XVIe siècle qu'une compagnie de canonniers commença à se former. On la composa d'hommes qu'on tira de celles des archers et arquebusiers. Il leur fut donné, comme à ces derniers, un enclos où ils pussent se livrer à leurs excercices. Divers privilèges leur furent également concédés. Dans le principe de sa formation, ce noyau de compagnie, d'abord borné à huit hommes, fut pendant quelques années attaché à la compagnie d'arbalétriers. Ce nombre fut porté à douze en 1521. Ce fut en cette même année qu'ils se formèrent en connétablie et confrérie. Leur nombre s'augmenta beaucoup par la suite. Le 22 janvier 1521, les magistrats prirent à leur égard l'arrêté suivant : « *Pour jouer de l'arquebuse et baston à feu en tel nombre qui se présenteront et auront cognoissance et correction les uns sur les autres, étant entr'eux tous de même que les archers; et pour les engager à être exacts à fréquenter leurs jeux, leur sera donné par chaque dimanche quatre sols tournois pour se récréer ensemble, et auront les canoniers deux cannes de vin toutes les fêtes natals de l'année et les jours qu'on est accoustumé présenter vin pour boire entr'eux, et les douze premiers auront à leur profit particulier chaque année cent sols tournois le jour de Sainte-Barbe et autre jour qu'ils feront leur feste, et seront francs du guet et de garde, et ce, tant qu'il plaira à la chambre, et si l'un d'eux vient à mourir, il sera remplacé à la discrétion de la chambre, et se soumettront à la garde et défense de la ville sous Furcy du Brûle, procureur du roi, leur capitaine.* » Ce privilége de l'exemption du guet et du logement des gens de guerre fut confirmé par lettres patentes de Henri IV du 20 octobre 1595, ils étaient alors au nombre de trente avec leur capitaine. En cas de guerre lorsque des hommes de ces diverses compagnies sortaient de la ville sans permission, ils étaient condamnés à l'amende. Le 21 juin 1525, plusieurs canonniers sortirent de la ville à l'arrivée des Bourguignons, ils encoururent chacun une amende de soixante-quinze sols; mais elle leur fut remise après une sévère admonition.

1513.—Il y eut, le 2 octobre de cette année, une émeute populaire. Le peuple se rassemble sur la place et pille les grains. Un certain nombre des perturbateurs furent arrêtés; dix furent condamnés au bannissement et deux à faire amende honorable.

La peine du bannissement était souvent infligée en ces temps reculés. Nous ne pouvons rien dire de positif sur la nature des crimes ou délits pour lesquels cette peine était appliquée; mais ce qu'il y a de certain, c'est que parfois la famille entière du banni était comprise dans cet ostracisme. Toutefois, nous avons lieu de croire que cette peine ne s'appliquait jamais à perpétuité, mais à temps. Après l'expiration de sa peine, le banni et les siens étaient réintégrés. On conduisait le banni hors la ville jusqu'à un gros arbre qu'on appelait l'Arbre des Demoiselles, lequel se trouvait sur le chemin de Péronne au village de Doingt, à peu de distance de la porte dite des *Frères mineurs* et qui s'ouvrait au lieu dit aujourd'hui impasse Saint-Sauveur. Cet arbre paraît avoir joui d'une certaine vénération, soit par son ancienneté, soit par toute autre raison, car nous voyons que des habitants, parmi lesquels se trouvait entr'autres un nommé Thomas de Saint-Just, furent poursuivis pour avoir *offensé* l'Arbre des Demoiselles, le 22 juin 1442. Quelle fut la nature de l'offense? C'est ce que nous n'avons pu découvrir. Un nommé Jean Fricart, poursuivi pour vol et condamné au bannissement, y fut conduit le 7 décembre 1419.

1513. — La ville est menacée de nouveau par l'ennemi. L'empereur d'Allemagne et le roi d'Angleterre assiégeaient alors la ville de Thérouenne. Le roi Louis XII envoie mille livres pour être employées à réparer les fortifications. On approvisionne la ville.

Le 24 février de cette année, les religieux de S.-François obtiennent du roi l'autorisation d'avoir leur couvent dans l'enceinte de la ville.

1514. — Depuis environ deux siècles apparaissait en France, à des intervalles plus ou moins longs, une maladie contagieuse, fléau dévastateur auquel on donnait en général le nom de peste. Quelle en était la nature? Quels étaient ses symptômes? Était-ce véritablement la peste d'Orient? Les recherches que nous avons faites à ce sujet, quelque peu concluentes qu'elles soient, nous font pencher vers l'affirmative pour cette dernière question.

Toujours est-il que sa marche était bien rapide, car son apparition inspirait un effroi général. Elle régna fort souvent pendant la durée du seizième siècle. En cette année 1514, lorsque ses premiers symptômes signalèrent son invasion à Péronne, beaucoup d'habitants se hâtèrent de s'éloigner de la ville. Nous conserverons à cette maladie le nom de peste, qu'on lui donna alors, à chaque fois que nous aurons à en parler dans le cours de cet essai. Il est probable toutefois qu'une des causes principales de ses fréquents retours consistait alors dans la fatale incurie de nos pères pour les lois de l'hygiène; ou plutôt dans l'ignorance où ils étaient de leur importance pour la santé; en prenant certaines précautions de salubrité, ils eussent pu se garantir du fléau ou du moins diminuer le nombre de ses victimes et amoindrir ses symptômes. La situation topographique de la cité entourée de hauteurs et assise sur les bords d'une rivière marécageuse; les sépultures *intra muros* dans les cimetières rétrécis de plusieurs paroisses, où s'enfouissaient les générations depuis des siècles et qui nécessitaient souvent la mise à nu d'une terre imprégnée, mélangée de débris humains dont la décomposition n'était point encore opérée, les détritus des herbes aquatiques et leur influence paludéenne ; le peu de soins dans la construction des habitations, surtout chez la classe pauvre, d'autres causes enfin, mais surtout la seconde de celles qui viennent d'être mentionnées, devaient donner plus d'activité aux miasmes contagieux, car ces causes se rapprochaient, jusqu'à un certain point, de celles qui engendrent cette maladie dans les contrées où elle prend naissance. Cette fois, elle parcourut successivement l'Italie, s'avançant vers le Nord, par l'Allemagne, la France, elle parvint jusqu'en Suède et même en Islande, dans cette île presque voisine du cercle polaire qu'elle dépeupla, pour ainsi dire.

1515. — En février, on eut plusieurs alarmes, les Bourguignons s'avancent jusque dans les faubourgs qu'ils mettent au pillage. On se décide alors à demander des troupes pour garder la ville et bientôt on reçut des renforts.

1521. — On détruit la petite ville de Bapaume située à cinq lieues de Péronne ; cette ville alors soumise à la domination espagnole incommodait notre cité par son voisinage. Elle fut refortifiée depuis, car elle fut de nouveau assiégée en 1641 (*Voir cette date*).

1523. — Quarante mille hommes, tant Anglais qu'Impériaux, passent la Somme à Bray, s'emparent de cette petite ville ainsi que Roye et Montdidier. Ils viennent inquiéter Péronne dont ils dévastent les faubourgs, commettant d'affreux ravages dans tous les lieux de leur passage ; mais ils n'osent rien entreprendre contre Péronne qui reste tranquille jusqu'en 1536. Le roi François Ier vint à Péronne en cette même année 1523, et y fit un séjour d'un mois. Il affranchit les bourgeois de la taille.

1536. — Le privilége accordé à la ville par François Ier de porter un P. couronné fut octroyé en février 1536, et par conséquent plusieurs mois avant le siège. Ce privilége est donc antérieur au siège et n'était pas au nombre de ceux que lui valut sa belle défense.

SIÉGE DE PÉRONNE.

4 Juillet. La crainte de l'arrivée de l'ennemi devant Péronne fait qu'on s'occupe vivement à réparer les fortifications, on fait travailler aux avant-murs et murailles, depuis la tour *du Bouldre* jusqu'à celle *du Prêtre*, et depuis la porte *du Prêtre* jusqu'à celle *de Saint-Sauveur*. Le prix d'une toise de maçonnerie était alors fixé à treize sols.

Nous voici enfin parvenus à une époque fort intéressante de l'histoire de Péronne, à cause du siège mémorable qu'elle eut à soutenir contre les efforts de l'armée impériale; événement dont la tradition s'est conservée jusqu'à nos jours dans la mémoire des habitants.

L'empereur Charles-Quint, arrière petit-fils du dernier duc de Bourgogne, prétendant rentrer en possession de tous les états qui avaient appartenu à son bisaïeul, déclara la guerre à François Ier, dans le temps que ce monarque venait de perdre le Dauphin, son fils, dont la mort semblait mettre le comble aux maux qui affligeaient la France depuis si longtemps.

Plein des idées de la monarchie universelle qu'il ambitionnait, cet empereur avait d'abord jeté ses vues sur la Picardie, comme faisant partie du duché de Bourgogne dont il se disait l'unique héritier. Tandis qu'il s'avance en personne dans le Piémont et la Provence, Henri de Nassau, son généralissime, s'approche de la Picardie, avec la plus grande partie de ses troupes, dans le dessein de s'ouvrir un passage pour pénétrer au cœur de la France. L'armée du comte de Nassau était forte de cinquante à soixante mille hommes. Elle était divisée en trois corps. Le premier était formé par des Allemands; le second était composé de troupes bourguignonnes, et le troisième de

Flamands. Toute cette armée se rassemble d'abord vers Guise. Après plusieurs tentatives contre cette place et celle de S.-Quentin, Nassau envoie le corps Bourguignon vers Péronne pour en former le siége.

9 Août. Dès le même jour ils viennent camper au Catelet à une lieue environ de la ville à l'est. C'était alors un château très-fort et qui n'est plus aujourd'hui qu'un hameau. Le lendemain l'ennemi lève son camp et passe la Somme à Happlaincourt, château fort sur la rive gauche de cette rivière, à une lieue et demie de la ville au midi. De là ils s'étendent dans le pays qu'ils mettent à contribution ou au pillage; ils sont bientôt suivis des deux autres corps qui achèvent de ruiner par le fer et par le feu ce que les premiers avaient épargné. La fumée occasionnée par l'incendie couvrait toute la campagne depuis le lieu de leur départ jusque devant Péronne, à laquelle ils voulaient par ce moyen ôter les moindres ressources.

Située dans une position très-avantageuse pour sa défense, baignée dans une grande partie de sa circonférence par les eaux de la Somme, la ville se trouvait néanmoins assez faible du côté du nord où elle n'était entourée que d'un rempart soutenu par une simple muraille au bas de laquelle il n'y avait qu'un seul fossé de dix à douze pas de largeur. En outre ce point pouvait facilement être battu en brèche, vu qu'il est dominé par des collines voisines; aussi est-ce de ce côté que Péronne eut le plus à souffrir et que se multiplièrent les assauts qui lui furent livrés. Elle était peu pourvue de vivres et de munitions de guerre et n'avait qu'une faible garnison de trois mill hommes environ. C'est avec un si petit nombre de troupes dmirablement secondées par les habitants, que cette vil résista un mois entier aux efforts de toute une formidable armée qui, après six assauts dans chacun desquels elle éprouva des pertes considérables en en faisant essuyer que de très-légères aux assiégés, se vit contrainte à lever le siège d'une place que

5.

le comte de Nassau n'avait considérée que comme une bicoque qui semblait ne pas devoir arrêter plus d'un jour ses projets d'invasion sur le territoire français.

Jean, sire de Sercus, dont Morlière, chanoine d'Amiens, dans son traité des maisons illustres de Picardie, fait mention comme d'un des plus grands capitaines de son siècle, amena à Péronne la première légion du régiment de Picardie dont il était le colonel, et qui était composée de mille hommes de pied. Le sire de Sercus était gouverneur de Ham et, outre la troupe dont nous venons de parler, il avait ramassé tout ce qu'il avait pu trouver en hommes et en munitions.

S'étant mis en marche à minuit, il passe hardiment à travers le camp ennemi et arrive sous nos murs sans avoir perdu un seul homme. La seconde légion du régiment de Picardie commandée par le comte de Saiseval, vint aussitôt se joindre à la première à Péronne, où s'étaient déjà rendus le maréchal de la Marck, gouverneur de la province, le comte de Dammartin, sieur de Boulainvilliers, le sieur Jean de Bain.... capitaine au régiment de Lannoy, qui fit des prodiges de valeur pendant le siége et à qui le roi accorda les terres de Leforest, Guignemont, etc. *Le tout pour s'être vertueusement employé et servi au siége de Péronne et en plusieurs autres occasions.* (titres de famille). Nous n'avons garde d'oublier parmi nos généreux défenseurs les sires de Moyencourt, du Coudrai, le commandeur d'Éterpigny de la maison d'Humières, le capitaine d'Amiette et surtout le sire Jean d'Estourmel.

Ce dernier, gentilhomme d'une des plus anciennes et des plus nobles familles de Picardie, était fils de Gilles Creton, dit Raimbaut, seigneur d'Estourmel, Templeux, Guyencourt et Aizecourt, et de Marie d'Hangest. Deux de ses sœurs étaient chanoinesses de Nivelles en Brabant, ce qui prouve, dit Morlière, l'ancienneté de sa noblesse. Il avait épousé en 1514 Magdeleine d'Aumale, vicomtesse du Mont-

Notre-Dame. « La mémoire de cet illustre seigneur, dit Guillaume du Bellay, passera de génération en génération chez les Picards pour le service signalé qu'il rendit au roi en lui conservant Péronne. Au premier avis qu'il eut de l'approche de l'ennemi, sachant que cette place était dépourvue de vivres, il fit conduire les blés de sa maison et ceux du voisinage avec ce qu'il avait de plus précieux en ameublement. La plus grande partie de ces blés étaient encore en gerbes, comme l'observe Morlière, et c'était la dépouille de cinq belles terres qu'il possédait aux environs. Mais cela ne suffisait pas à son grand cœur; il eut encore la générosité d'y envoyer toute sorte de bestiaux et d'autres commodités dont il assista le peuple, et solda de ses propres deniers les troupes de la garnison. » De sorte que, quoique la ville eut été bien défendue par les guerriers que nous venons de nommer, néanmoins tous rapportent le bonheur de l'événement à la sage prévoyance du sire d'Estourmel et à l'assistance de ses facultés. Après le siége, le roi, voulant reconnaître ses services, fit Jean d'Estourmel son premier maître d'hôtel, et lui donna la charge de trésorier général de toutes ses finances dans les provinces de Picardie, de Champagne et de Brie. En 1546 le roi l'envoya avec le cardinal du Bellay pour traiter de la paix avec Henri VIII, roi d'Angleterre.

Guillaume du Bellay, que nous avons cité plus haut, était frère du cardinal de ce nom, évêque de Paris où l'alarme était des plus vives, le prélat ne prit rien plus à cœur que d'affermir nos ancêtres dans la résolution où ils étaient de se bien défendre, en leur envoyant ce qu'il put de vivres. Ce fut lui qui détermina François Ier à envoyer une grande partie de sa gendarmerie et dix mille hommes d'infanterie au secours de Péronne, et à les suivre de près; mais avant que ce secours fut en marche il se passa bien du temps, au bout duquel on apprit que le siége était levé. Mais il est temps de mettre fin à ses digressions qui nous éloignent du fait principal.

Le comte de Nassau arrivé au Mont-S.'-Quentin, un quart de lieue au nord de la ville, vit bien qu'il ne pouvait y établir ses quartiers tant qu'il aurait sur sa droite le château de Cléry. Il y envoya donc un trompette suivi de trois mille chevaux, cinq mille hommes de pied et dix pièces d'artillerie de gros calibre. Il fait sommer le commandant de se rendre, sinon qu'il l'assiégera dans toutes les formes. Ce dernier, qui avait trouvé le moyen d'avertir le maréchal de la Marck des projets de l'ennemi et qui avait reçu le renfort qu'il demandait, n'avait garde de se laisser intimider. *D'ailleurs, les souterrains par lesquels on communiquait alors de cette forteresse au château de Péronne pouvaient lui faciliter les moyens d'être secouru en cas de besoin.* (Nous devons dire ici pourquoi nous avons souligné ces dernières lignes. N'étant que copiste ou plutôt abréviateur d'une histoire de ce siége, nous n'aurions pas parlé de ce passage souterrain si la foi de son existence ne s'était perpétuée, par la tradition, dans la mémoire des habitants. Quoique la relation ait été faite d'après le manuscrit d'un témoin oculaire des opérations de ce siége et malgré la tradition, on est tenté de considérer comme fabuleuse l'existence de cette galerie souterraine, à moins que ce ne soit un ouvrage romain, ce qui n'est pas probable. En effet, lorsqu'on pense que ce souterrain, long d'une lieue, devait traverser une grande étendue de marais couverts d'eau, à l'importance de l'ouvrage en maçonnerie, à la difficulté de son exécution, il est difficile d'admettre que cet immense travail ait réellement existé). Or donc, le commandant de la forteresse répondit au parlementaire qu'il se préparait à se bien défendre. Le général ennemi commença par diriger ses deux batteries contre la porte d'entrée de la forteresse et, pendant ses premières attaques, il plaça ses quartiers et disposa ses retranchements au pied du Mont-Saint-Quentin, et étendit la ligne d'opération jusqu'à Halles et au bord de la Somme. Malheureusement pour les Péronnais, la grande

quantité d'arbres et l'épaisseur des haies du village de S.^{te}-
Radegonde dont l'emplacement bordait alors presque toute
la ville du côté du nord, leur dérobaient la plupart des
mouvements de l'ennemi. On découvrait un peu mieux ceux
des Flamands, qui étaient de l'autre côté de la rivière,
depuis Bazincourt jusqu'à Biaches. Les mouvements des
Bourguignons n'échappaient point à la vue. Ceux-ci embras-
saient presque le reste de la ville depuis le village de Flamicourt jusqu'au faubourg de Soyebaut-Escluse, où ils
avaient eu soin de jeter plusieurs petits ponts pour commu-
niquer avec leurs alliés.

Dans une première escarmouche qu'avait hasardé le comte
de Nassau, pour amuser les assiégés, un officier Bourguignon fut fait prisonnier et toute sa troupe repoussée. Nos
soldats postés au faubourg de Paris les ayant vus venir à
à eux firent bonne contenance et se disposaient à les pousser
vivement, lorsque cet officier, plus téméraire que coura-
geux, s'avançant contr'eux à toute bride, fut jeté en bas de
son cheval, qui prit l'épouvante et se cabra. Cet officier se
cassa un bras et une jambe dans sa chûte et fut abandonné
à la merci des nôtres. On le conduisit à l'Hôtel-Dieu où il
mourut quelques jours après des suites de ses blessures.

12 Août. Comme il était naturel de penser que si l'ennemi
venait à s'emparer des faubourgs il pourrait s'y retrancher
et nous incommoder beaucoup, M. de la Marck fut d'avis
de les incendier et de retirer les habitants dans la place,
sauf à les dédommager dans la suite de la perte de leurs
maisons. Tous consentirent à la proposition du maréchal et
les trois faubourgs furent livrés aux flammes. Cet incendie
fut cause d'un incident très-fâcheux; il contribua en partie
à amener la reddition du fort de Cléry, car le général
chargé de l'assiéger fit croire à ses défenseurs que cet incendie, dont les flammèches arrivaient jusqu'à eux, étaient
la preuve que la ville était prise et qu'ils ne devaient pas
désormais continuer une défense inutile. Les assiégeants,

de leur côté, s'emparèrent d'une ferme appartenant à l'hôpital S.ᵗ-Lazare; ils en tirèrent quantité de blé, d'avoine et de fourrage, et réduisirent en cendres jusqu'au dernier des bâtiments de cette ferme. S.ᵗ-Lazare se trouvait à l'extrémité nord de Sainte-Radegonde, vers le Mont-Saint-Quentin.

13 Août. L'ennemi s'étant rapproché du corps de la place, fit jouer ses canons et fauconneaux depuis le matin jusqu'au soir, pour favoriser ses travailleurs qui eurent bientôt élevé deux cavaliers ou monticules de terre, le premier vis-à-vis la porte de Paris. Ils y établirent une batterie de six pièces pour battre les grands moulins. Le second regardait la porte Saint-Nicolas; ils y établirent dix pièces pour attaquer le château.

Pendant cette manœuvre, Nassau ne perdait pas de vue le château de Cléry que le sire de Rœux, général flamand, pressait à toute outrance, tant au moyen de deux batteries qui faisaient un feu continuel que par les assauts qu'il livrait. Bientôt on vit le duc s'approcher, avec la plus grande partie de ses troupes, de la porte S.ᵗ-Nicolas. On fait sortir de la ville cent vingt hommes environ pour faire une reconnaissance. Après quelques petites escarmouches ce détachement rentra en ville, ramenant quelques prisonniers parmi lesquels se trouva le sire de Rocourt, guidon de la légion flamande, qu'il avait surpris dans les *vignes*, entre le château et la porte S.ᵗ-Nicolas.

14 août. Le commandant de Cléry n'avait garde de rester oisif tandis que le sire de Rœux l'attaquait avec tant de vigueur. Il fait une sortie, se jette à propos sur les Flamands qui s'étaient trop avancés, en met plus de deux cents hors de combat, sans compter ceux que ses canons avaient foudroyés.

Cependant ce même commandant, qui n'avait pas cédé à la force, finit par succomber à la ruse ou plutôt à la mauvaise foi si commune parmi les généraux de Charles-Quint.

L'ennemi voyant qu'il perdait du temps et des hommes devant ce château dont les fortifications, jointes au courage de la garnison, rendaient leurs efforts inutiles jusqu'alors, simulent tout-à-coup du découragement et de l'irrésolution et feignent d'abandonner leur entreprise. Ils lèvent le camp et s'acheminent vers le gros de l'armée, campée au Mont-S.-Quentin. Tout-à-coup on les entend crier à plusieurs reprises : Ville gagnée ! et on les voit retourner sur leurs pas. Le sire de Rœux se doutant bien qu'on l'avait observé, se rapproche de la forteresse, demande à parler au commandant à qui il fait remarquer la fumée de l'incendie des faubourgs qui, poussée par le vent, arrivait jusqu'à eux. Il lui jure que la ville est tombée au pouvoir de l'empereur, que de plus le maréchal l'avait livrée au pillage et au feu. Il le somme en conséquence de se rendre et le menace, en cas de refus, de l'y contraindre par la force et de le faire pendre, lui et toute la garnison. Ces menaces et les fausses nouvelles qui les avaient précédées effraient tellement ce chef, qu'il se rend sur le champ à l'ennemi et sans aucune capitulation. Le duc de Nassau fit pendre le portier du château sur le seul motif qu'il avait tué le cheval du sire de Rœux dans la sortie dont nous avons parlé. Les prisonniers ne furent relâchés qu'après avoir été cruellement rançonnés ; tel fut le sort d'une garnison qui aurait pu, dans un château aussi fortifié, épuiser les efforts de toute une armée et employer une bonne partie des troupes occupées au siége de la ville.

Ce château, autrefois domaine de la maison de Créqui, était un des plus forts de la Picardie, tant par sa situation que par ses ouvrages. Il était bâti sur pilotis et pour ainsi dire sur la rivière, fort large en cet endroit. Le terrain qu'il occupait, avec ses logements, ses casemates et ses remparts, aurait suffi pour loger trois mille hommes. Une levée en pierres, de près d'un kilomètre de longueur, l'environnait au-dehors en forme de croissant, depuis le marais de Halles jusqu'à la Somme, vers Cléry. On en voit encore quelques restes aujourd'hui. Les terres comprises entre cette levée et le château, d'une étendue considérable, servaient dit-on de basse-cour. Outre cet ouvrage extérieur dont il est assez difficile de découvrir le but et l'origine, deux remparts quadrangulaires défendaient les approches de la place. Le plus considérable présentait une terrasse d'environ vingt pieds de haut, épaisse de trente et n'était point fermée du côté du village de Cléry. Quatre grosses tours terminaient les angles de cette terrasse et les murs qui la soutenaient étaient flanqués de plusieurs tourelles. Aux angles du second rempart se trouvaient aussi quatre autres tours et six sur les côtés. En un mot, vers la fin du siècle dernier on comptait encore les restes de vingt-huit tours servant de défenses à ce château réputé si imprenable qu'on avait gravé sur la voûte de la porte principale ces mots : *Nul s'y frotte*. On avait baptisé cette forteresse de ces trois mots réunis en un seul, et le terrain qu'elle occupait porte encore aujourd'hui ce nom. Au milieu de l'intérieur se trouvait une grande place formant un carré parfait, outre la place d'armes qui avait elle-même soixante pas de longueur, les murs de cette dernière enceinte étaient de grès et de briques liés avec un ciment de la plus grande dureté et portaient vingt-huit pieds d'épaisseur.

A la première entrée, près du pont-le-vis, s'élevait une grosse tour ronde qui pouvait avoir cent toises de circonférence. Un peu plus loin, sur la même ligne, se trouvait une autre tour carrée, d'environ quatre cents pieds de circuit, dont les murs n'avaient guères moins de vingt-quatre pieds d'épaisseur. Cette dernière faisait face au village de Cléry et couvrait le pont-le-vis. Enfin, ce château qui, comme on le voit par le détail dans lequel on est entré, n'avait que peu de pareils en France, fut démoli sous le règne de Louis XIV. On obligea dit-on ce prince à le raser, par un des articles de la paix d'Utreckt. Vers la fin du siècle dernier on trouva, parmi les démolitions, une grande pierre qui portait pour devise un chardon en relief avec cette inscription gravée en gros caractères : *Nul s'y frotte*; c'était peut-être celle dont nous avons parlé tout-à-l'heure. C'était la devise de la famille de Créqui. On prétend qu'au lieu d'un chardon ce devait être un prunier sauvage ou crequier, mais que cet arbuste est mal représenté dans les armes de cette ancienne maison (Manuel lexique).

16 Août. On ne peut douter que la nouvelle de la prise du château de Cléry ne causa beaucoup d'ennui aux Péronnais; mais il est certain aussi qu'elle ne les intimida nullement. Ils en redoublèrent au contraire d'ardeur et de courage. Cependant le général ennemi, fier de ce succès, redouble d'efforts contre les murs et remparts de la ville. Il vient de temps en temps faire des propositions, toutes à son avantage; propositions rejetées avec indignation; on n'en est même que plus disposé à lui résister. On répond à ses sommations par plusieurs sorties successives.

17 Août. Le 17 août, dit Philippe le Convers, le maréchal de la Marck, persuadé qu'il n'y avait pas moyen de tenir longtemps encore contre des forces aussi considérables sans le secours du Tout-Puissant, ordonna des prières publiques. Il y eut une procession à laquelle assistèrent habitants et soldats. Le pieux maréchal participa aux saints mystères avec plusieurs autres seigneurs. Ce même jour, qui était un jeudi, on descendit à Paris la châsse de S.te-Geneviève pour le succès des armes du roi, aussi bien pour le siége de Péronne que pour celui de Marseille où Charles-Quint commandait en personne.

Cependant l'ennemi s'apercevant que les remparts se dégarnissent de leurs défenseurs, et le son des cloches lui en faisant deviner le motif, renouvelle ses attaques et veut tenter un assaut. De Serçus court à la porte S.t-Nicolas, de Saisseval à celle de Paris et Dammartin se rend au château. Le brave de la Marck, qui les suit, va donner ses ordres dans tous les quartiers. Chacun se signale à son poste. Ces braves officiers tantôt repoussent l'ennemi, tantôt le laissent arriver jusque sous les murs pour mieux le surprendre. Tous, soldats et capitaines, font des prodiges de valeur. Depuis dix jours que durait le siége, ni le feu ni le fer ennemi n'avait encore blessé personne parmi les bourgeois. Ce jour-là une pauvre servante traversant la grande rue, vis-à-vis la porte S.ᵗ-Nicolas, fut frappée par un boulet et écrasée contre l'étau d'une maison où ce projectile s'enfonça. En mémoire de cette première victime on entoura ce boulet de plusieurs cercles de fer, on le surmonta d'une croix et il fut placé dans l'endroit où il s'était implanté. Ce ne fut qu'en 1740 qu'il fut enlevé par un sergent de ville qui le vendit à son profit. Lorsqu'on apprit au maréchal la mort de cette fille : « Qu'importe, répondit-il, s'ils tuent les domestiques, pourvu que la victoire reste aux maîtres (*Mémoire de Convers*). » Il n'y avait guère d'humanité dans cette réponse.

18 et 19 août. Cet accident n'était rien en effet en comparaison du danger où l'on se trouva bientôt d'avoir à supporter une affreuse disette, quoique l'on fut encore dans un certain état d'abondance. Le fermier du moulin de *Bellesaises*, qui peut-être avait eu lieu de se plaindre de la part des bourgeois, s'étant laissé corrompre par l'appât d'une somme d'argent et par de belles promesses, convaincu peut-être que la ville ne pourrait pas tenir longtemps, se rendit coupable de trahison. Le moulin de Bellesaises, qui existe encore sous ce nom, est alimenté par la petite rivière *de Doingt* qui se jette dans la Somme à peu de distance. Il est situé entre la ville et le faubourg de Bretagne, le perfide meunier donne aux officiers du duc le conseil de rompre la chaussée du faubourg de Paris, afin que l'eau de la Somme, se perdant par cette coupure, empêchât de tourner les grands moulins qui se trouvent dans l'intérieur de la ville et au voisinage de la porte de Paris. Cette ma-

nœuvre pouvait d'un autre côté être utile aux assiégeants
en diminuant la masse des eaux et leur permettant de pouvoir s'approcher plus près des murs. Le conseil du traître
ne fut que trop ponctuellement suivi. La Somme cessa de
couler par les vannes de ces moulins.

L'épouvante s'empara alors de tous les cœurs. Nouvelle
Béthulie, Péronne allait subir tous les malheurs de cette
cité du peuple Juif; mais, ô prodige! tandis qu'on est aux
expédients pour suppléer à cette pénurie, on s'aperçoit
que la fontaine de S.ᵗ-Fursy donne beaucoup plus d'eau
que d'habitude. En effet, il faut que cela tienne du prodige,
car il est bien difficile de l'expliquer par les lois de l'hy-
draulique. Selon le chroniqueur à qui nous devons le récit
de ce siége, il aurait vu la source de ce ruisseau s'échapper
de dessous le chœur de l'église de S.ᵗ-Fursy. Il aura eu
cette vision avec les yeux de la foi, car cela me paraît
physiquement impossible. Cette fontaine qui baigne aujour-
d'hui les murs du collége au sud-est, sort du roc calcaire
tout-à-fait au bas du mont où se trouvait cette église aujourd'hui démolie, et ces eaux sourcent à deux cents pas
au moins de l'endroit où s'élevait le chœur. Ce ruisseau
dont le courant a peut-être un pied au plus de profondeur
sur trois environ de largeur, avait acquis, outre sa sura-
bondance d'eau, une rapidité surprenante. On ne manqua
pas de mettre à profit un événement aussi extraordinaire
à l'aide de quelques travaux, l'eau passa sous les moulins
presqu'aussi abondamment qu'auparavant. On ne sait ce
que devint le traître; mais Dieu qui veillait au salut des
Péronnais ne permit pas qu'il ressentissent d'autres effets
de cette noire trahison.

20 Août. Henry de Nassau, surpris de voir toutes ses
tentatives inutiles, déchargeait toute sa furie contre la
porte S.ᵗ-Nicolas, qu'il avait déjà fait brèche. Le canon
gronde tout le long du jour. D'après un témoin oculaire
qui tint un journal exact des opérations du siége, onze

cent soixante-dix-sept coups de canon sont tirés sur la ville. La porte S.ᵗ-Nicolas tombe. L'Hôtel-Dieu est fortement endommagé. Une des religieuses de cet hôpital y est blessée à mort; seconde victime qui devait en précéder bien d'autres. Pendant que ces choses se passaient vers la porte S.ᵗ-Nicolas, l'ennemi ne restait pas oisif aux portes de Paris et de S.ᵗ-Sauveur, mais sans y causer de grands dommages. L'effet du canon devient plus sensible à la muraille qui tenait au château. Une ouverture, une brèche où vingt hommes de front auraient pu passer, y laissait tout le rempart à découvert; mais les plus larges comme les moindres brèches étaient aussitôt réparées avec une incroyable diligence. Nobles, bourgeois, marchands, artisans, maîtres, domestiques, hommes et femmes enfin, tous s'empressaient à l'envi de transporter les matériaux nécessaires pour réparer les brèches. Les dames surtout, jalouses de ne pouvoir en d'autres occasions s'acquitter du devoir de soldat, sont ici les plus ardentes à l'ouvrage avec un courage au-dessus de leur sexe. Elles prouvent que lorsqu'il s'agit du salut de la France, on s'oublie volontiers soi-même pour ne songer qu'au bien commun.

Vers le soir, le duc de Nassau recommence l'attaque, mais toujours à son désavantage. Ses soldats montent à la brèche, mais ils sont bientôt précipités dans le fossé. De quelque côté qu'ils se présentent pour pénétrer dans la place, ils ne trouvent que la mort. Le général fait enfin sonner la retraite après une perte de quinze à seize cents hommes tant blessés que tués ou noyés. Nous ne perdîmes en fait d'hommes marquants que le commandeur d'Humières, tué par un boulet. Il fut mis dans une tombe d'airain et inhumé dans le chœur de l'église de S.ᵗ-Fursy.

21 août. Ce jour-là et les jours suivants, les assiégés furent incommodés par une chaleur excessive et par les miasmes putrides qui s'exhalèrent des cadavres restés dans les fossés.

22 et 23 août. Malgré la perte que vient d'essuyer le chef des troupes impériales, il ose encore sommer la ville de se rendre, n'oubliant pas d'ajouter ses menaces ordinaires en cas de refus; mais on ne l'écoute que l'épée à la main, ne lui faisant d'autre réponse que celle qu'on lui avait déjà faite en pareille occasion. Ce fut ce même jour, dit-on, qu'il reçut de l'impératrice une lettre où cette princesse lui reprochait qu'un simple colombier tel que Péronne l'arrêtât si longtemps, et qu'il répondit qu'à la vérité Péronne n'était qu'un colombier, mais que les colombes, tant mâles que femelles qu'il contenait, s'y défendaient comme des aigles (*M.*me *Vaillant*).

24 août. A l'exception du canon qu'on tirait sans cesse, l'ennemi ne fit ce jour-là aucune tentative sérieuse, cependant le 24 août, jour de S.t-Barthélemi, vers les trois heures de l'après-midi, le duc envoie un trompette pour sommer le maréchal de la Marck de sortir et de lui livrer la ville; qu'en cas de refus il donnerait le lendemain un assaut général et qu'il mettrait tout à feu et à sang; mais le maréchal lui fit répondre qu'il espérait bien en sortir en effet, mais que ce serait en marchant sur le corps des assiégeants (*Mem. de Ph. le Convers*).

25 Août. L'assaut se donne en effet le lendemain 25 août, jour de S.t-Louis, vers midi, après trois jours que l'ennemi avait employés à se préparer à cet assaut et les bourgeois à réparer les brèches. On en vient de nouveau aux mains. Les portes de S.t-Nicolas, de Paris et de S.t-Sauveur deviennent encore les principaux point de mire de la part de l'ennemi. Trois fois les assiégeants se présentent aux brèches et trois fois ils sont repoussés. Il en est qui parviennent jusqu'au haut des remparts, mais, où ils y périssent de la main de nos soldats, ou ils sont renversés les uns sur les autres. Quinze cents coups de canon en quelques heures ne font qu'ébranler la plus grosse tour entre le château et la porte de Bretagne. Seize cents hommes du côté des en-

nemis expirent par le fer et le feu des assiégés (selon Dupleix, huit cents seulement restent tués ou blessés). On
enlève trois étendards et vingt-six échelles. Un gentilhomme
nommé Malixourt poursuit l'ennemi à quarante pas hors de
la ville.

On était au plus fort de la mêlée lorsqu'une de ces femmes
que rien n'épouvante donna des preuves d'un grand courage. Elle se trouvait aux grands moulins dont il a été pré-
cédemment question. Tout-à-coup on entend des cris confus,
et bientôt elle aperçoit plusieurs habitants fuyant épouvan-
tés vers l'intérieur de la ville. S'enquérant du sujet de leur
frayeur : les Bourguignons sont sur les murailles, lui crit-on.
A ces mots elle court vers la partie des remparts qui se
trouvent derrière les moulins. Elle aperçoit une petite brèche et le bout d'un étendard qu'un officier des Impériaux
cherchait à y fixer. Cette partie du rempart se trouvait dégar-
nie de ses défenseurs, tous les assiégés se trouvant occupés
aux endroits où se livrait l'assaut et où le duc de Nassau avait
dirigé toutes ses forces. Elle court aussitôt en appelant du
secours. Sans s'inquiéter si on la suit ou non, elle se présente à l'officier déjà prêt à franchir le mur : donnez-moi votre
étendard, lui dit-elle, je vous aiderai à monter ; vive Bourgogne ! L'air de franchise qu'elle affecte en disant ces mots
ne manque pas son effet. L'officier, trompé, lui tend son
étendard qu'elle reçoit par la lance et, d'une main hardie,
retournant le fer contre le bourguignon, elle le renverse
blessé et le précipite dans le fossé, entraînant dans sa chûte
ceux qui se trouvaient derrière lui. Aussitôt elle revient
précipitamment sur ses pas, appelant à son aide, et pendant qu'on se porte à l'endroit qu'elle indique elle arrive
sur la place où le clergé était en procession. Elle se met à
sa tête avec son trophée et le ramène à la collégiale de
S.t-Fursy, où arrivent peu d'instants après les sires de la
Marck et de Dammartin couverts de sueur, de sang et de
poussière. Après avoir encore repoussé les assiégeants, ces

guerriers venaient rendre au ciel de nouvelles actions de grâces. On entonne alors un *Te Deum* solennel.

On n'est point d'accord sur le nom de cette Péronnaise; selon la tradition populaire elle s'appelait Marie Fourée. Dans la préface d'un livre pieux composé par une dame Vaillant, bourgeoise de la ville et imprimé soixante-dix ou quatre-vingts ans après ce mémorable siége, notre héroïne se trouve désignée sous le nom de Marie, Catherine de Poix. Cette dame Vaillant avait pu connaître dans sa jeunesse quelques témoins oculaires du siége. Quel que soit de ces deux noms le véritable, il est dit dans cette préface qu'elle eut pour récompense de sa belle action le droit de mesurage des grains. On rapporte que sa postérité a joui cent ans de ce privilége, c'est-à-dire jusqu'en 1636, époque où elle s'éteignit, victime d'une maladie contagieuse qui régnait dans la ville.

26 août. Ce jour fut employé à réparer les brèches qu'avait produit le terrible assaut de la veille, ce qu'il fut permis de faire, attendu que l'ennemi, retiré dans ses retranchements, ne tenta rien d'important contre la ville.

27 Août. Le lendemain dimanche, vers dix heures du matin, au moment où tous les habitants étaient réunis dans les temples, l'ennemi revient à l'assaut. Tout-à-coup une grêle de flèches armées de feu Grégeois tombe sur la ville. On ne venait à bout d'éteindre ce feu qu'à force de vinaigre. Une multitude d'autres feux artificiels, des nuées de dards enveloppés de mèches et de soufre, tels étaient les moyens dont ils se servaient pour incendier la place; tandis qu'ils l'attaquaient de toutes parts au-dehors avec le canon, et qu'ils faisaient d'incroyables efforts pour escalader les murailles, l'épée à la main. Toute la population sort des églises; les uns volent au secours de leurs frères, se portent aux lieux où l'ennemi s'acharnait davantage; d'autres s'occupent à éteindre les feux allumés par les flèches incendiaires; car le feu s'était manifesté dans plusieurs en-

droits et principalement au voisinage de S.ᵗ-Fursy, dans une forte auberge qui avait pour enseigne *le Lion Noir* ou *le Noir-Lion*, à l'entrée de la rue de ce nom. Là on ne put se rendre maître du feu. Toute cette maison fut réduite en cendres. Elle contenait une grande provision de fourrages qu'on y avait transporté au commencement du siége. Plusieurs personnes périrent dans l'embrasement en voulant porter secours. C'en était fait de la ville s'il ne fut survenu tout-à-coup une pluie si abondante que toute trace d'incendie fut bientôt éteinte et qu'il n'y eut plus rien à craindre, au moins pour le moment.

28 Août. Le maréchal, instruit par ce funeste événement, prit ses précautions pour l'avenir. Il fit découvrir tous les bâtiments qui étaient encore couverts en chaume. Il s'y décida non-seulement pour se garantir du feu de l'ennemi, mais encore pour faire servir ce chaume à la nourriture des chevaux qui en manquaient absolument. Pour comble d'infortune, les munitions de guerre étaient à leur fin, nous avions essuyé des pertes cruelles en hommes. On n'ignorait pas que François Iᵉʳ était occupé en Provence avec la plus grande partie de ses troupes; qu'à peine lui suffisaient-elles pour se défendre avec honneur, et que d'ailleurs, quand même ce monarque eut consenti à détacher quelques renforts, ils eussent été insuffisants pour faire lever le siége, et ne seraient arrivés que bien tard. Il fallait donc se résoudre à se tourner vers un autre but beaucoup plus court, mais infiniment plus périlleux. Ce fut de dépêcher au duc de Guise, alors à Ham, un homme de courage et de bonne volonté, pour l'instruire de l'état de pénurie où l'on se trouvait réduit et le prier d'y apporter remède si cela était en son pouvoir.

Un jeune soldat natif de Montdidier, nommé Jean de Haizecourt, s'offrit de bonne grâce et promit, si on lui faisait l'honneur de le charger de cette mission, de s'en acquitter avec toute l'exactitude dont il était capable. Sa proposition acceptée, il attend la nuit pour partir ; mais comme le petit village de Flamicourt ainsi que ses environs étaient occupés par l'ennemi, il descend au bas des murailles, derrière le jardin des archers, et, traversant l'eau à la nage, franchissant les marais, il parvient à gagner le Mesnil-Bruntel, poursuit son chemin sans être inquiété et arrive sain et sauf à Ham, petite ville à six lieues au sud-est de Péronne (c'est cette même petite ville dont le château servit jadis de lieu de détention aux ministres de Charles X et qui servit il y a quelques années de prison à Louis Napoléon qui nous gouverne aujourd'hui sous le nom de Napoléon III).

Le duc de Guise, vieux soldat renommé par ses vertus guerrières, apprenant, par le rapport de Haisecourt, notre fâcheuse situation, instruit d'ailleurs du nombre des assiégeants, résolut d'employer une ruse de guerre qui réussit au-delà de ses désirs. Ce fait dont nous avons extrait plusieurs circonstances de l'histoire des Guise est des plus singuliers et des mieux conduits qui puissent orner nos annales. Ce guerrier, sans perdre de temps, rassemble tous les tambours et trompettes, tant à Ham qu'aux environs et choisit quatre cents de ses meilleurs arquebusiers qu'il charge chacun de dix livres de poudre. La petite troupe formée en deux détachements se montait à six cents hommes. Les tambours et trompettes formaient une espèce d'arrière-garde précédée par les arquebusiers, ayant à leur tête le duc en personne, tous s'avancent vers Péronne pendant la nuit, ils arrivent à Athies. Là, le duc confie le commandement des arquebusiers au fidèle Haisecourt pour les faire approcher de la ville par le Mesnil-Bruntel, tandis que lui, avec ses trompettes et ses tambours, devait se diriger vers les villages de Pruslès et Mont-en-Chaussée. Arrivé en ce lieu, il échelonne ses tambours et trompettes de distance en distance, jusqu'au bois de Rocogne, situé à une demi-lieue environ à l'est de la ville.

6.

A un signal convenu et donné probablement par Haise-court, toute cette musique commence à se faire entendre. Au même moment le tocsin du beffroi et toutes les cloches des paroisses sonnent l'alarme. Il est aisé de se peindre qu'elle fût la surprise des Impériaux. Croyant d'abord à quelque trahison, ils s'imaginent déjà avoir toute une armée sur les bras. Le trouble et la confusion augmentent à mesure qu'ils entendent le bruit des instruments se rapprocher de plus en plus de leur camp. Les postes avancés, aux sons redoublés qui frappent leurs oreilles, se persuadent que ce sont autant d'escadrons qui vont les attaquer. Ils se replient en désordre vers leur camp. Ils racontent à leur chef ce qu'ils ont entendu et peut-être ce qu'ils n'ont pas vu. Au milieu d'une nuit où il lui était impossible de prendre les dispositions nécessaires pour résister à une attaque qui lui paraissait inévitable, le duc de Nassau néanmoins fait tous ses efforts pour se mettre, autant que possible, en état de défense. Il fait placer de nouvelles vedettes et envoie du monde aux points qu'il croit le plus menacés. Il commençait enfin à rétablir un peu d'ordre parmi ses troupes, lorsque le duc de Guise, assuré de la réussite de son stratagème, se mit tranquillement en route pour retourner à Ham.

Or pendant que ces choses se passaient, les arquebusiers ayant laissé le village de Flamicourt à leur droite, avaient heureusement franchi les petits ponts et les chaussées que l'on avait construits avec des madriers et des arbres entiers jetés les uns sur les autres. Ils étaient enfin parvenus aux pieds des murs. Des cordes et des échelles leur ayant été descendues par les assiégés, ils ne tardèrent point à être introduits dans la ville. Ainsi donc le brave Jean de Haise-court eut le bonheur de réussir dans cette périlleuse entreprise. Le père d'Aire, suivi par Colliette (hist. du Vermandois), dit que ce jeune homme, en récompense d'un si important service, obtint plus tard les armoiries des portes et des barrières de Péronne, savoir : d'azur à un dessus de *porte et une barrière d'or soutenue de deux croissants;* mais il n'ajoute point ce que nous avons lu dans d'autres mémoires que le roi, immédiatement après la levée du siége, lui donna la charge de procureur du roi au baillage de Montdidier.

29 août. Le duc de Nassau resta donc en alerte jusqu'au point du jour, qu'il détacha quelques chevaux pour aller pousser une reconnaissance et s'assurer de la direction qu'aurait prise ce prétendu corps d'armée; ces divers détachements, après avoir couru le pays pendant plusieurs lieues, rapportèrent n'avoir rien vu. On apprit enfin de quelques soldats, qu'ils avaient aperçu des hommes qu'on enlevait avec des cordes près la porte de Paris. Enfin le duc ne tarda pas à être convaincu qu'il avait été la dupe d'une ruse de guerre.

30 et 31 août et jours suivants. Irrité de se voir ainsi joué, le duc redouble ses efforts, il fait miner la plus grosse tour du château, contre laquelle il avait déjà perdu plusieurs centaines de ses soldats. Le maréchal, de son côté, entreprend une contre-mine afin de déjouer les projets de l'ennemi. Par ses ordres on élève une terrasse sur le rempart du château pour y placer du canon et afin de découvrir ce qui se passe au bas de cette tour. Le comte de Dammartin préside à ces ouvrages.

Pendant ces opérations nouvelles, le duc de Nassau vient pour la cinquième ou sixième fois sommer la ville de se rendre dans les vingt-quatre heures, jurant qu'il fera pendre les officiers et le général en chef en cas de refus, qu'il livrera la ville au pillage et passera les habitants au fil de l'épée. M. de la Mark lui répond qu'il n'est point encore las de servir Péronne; qu'à l'égard de sa propre vie, il l'en laissait le maître s'il succombait, mais qu'il se promettait de la lui vendre bien cher. En même temps il fait hâter les travaux de la contre-mine. Par méprise on perce jusqu'au-dessous de l'endroit où travaillaient les mineurs allemands. Enfin l'ennemi fait jouer sa mine (6 septembre) et soixante des nôtres périssent dans les travaux de la contre-mine. Le preux comte de Dammartin y est écrasé. On ne peut retrouver son corps. Il avait prévu le danger, mais il crut déshonorant pour lui de fuir le péril au milieu d'une brave population qui n'en craignait aucun. La moitié de cette fatale tour s'écroula, l'autre moitié resta debout, malgré l'explosion.

7 septembre. Les sieurs d'Ameraucourt et d'Auni remplacèrent le malheureux Dammartin pour s'opposer aux efforts que fit l'ennemi afin de s'introduire dans la place par la brèche pratiquée la veille à cette tour. Ils se postèrent l'un près de ladite brèche et l'autre sur le rempart du château, où ils soutinrent deux terribles assauts. Nos gens y firent perdre à l'ennemi deux cent cinquante hommes, après quoi il se retira fatigué de voir ses efforts inutiles.

Cependant le canon ne cessait de vomir du fer contre cette tour et achevait de la ruiner entièrement. (8 sept.) D'Ameraucourt et d'Auni tenaient toujours ferme à leur poste. Le lendemain l'ennemi voulut tenter un dernier effort pour s'y frayer un passage. Nassau harangue ses soldats et les conduit à la tranchée au nombre de quatorze mille. Il recommence de toutes parts l'attaque avec un incroyable acharnement. Le petit nombre de soldats qu'on lui oppose, loin de plier, comme on aurait pu s'y attendre, lui taille en pièces plus de cinq cents hommes. Ce terrible assaut dura environ quatre heures. Il semblait qu'une force surnaturelle, faisant de nos soldats autant de héros, augmentait leur courage en les rendant invulnérables. Ceux-là même qui se trouvèrent à cette attaque, ajoute notre journaliste Dupleix, ont dit depuis qu'ils ne concevaient pas eux-mêmes qu'on eut pu tenir dans un château ainsi ouvert, avec si peu de monde.

9 et 10 septembre. Henry de Nassau se désole de ses

insuccès et des pertes qu'il a essuyées. Il voit qu'il a autant d'ennemis acharnés qu'il y a d'âmes vivantes dans la place. Il assemble son conseil de guerre. On y délibère qu'il faut épargner le reste des troupes et l'on se décide à lever le siége. Le duc prend d'autant plus volontiers cette résolution qu'il vient d'être informé que le duc de Vendôme avait reçu ordre de venir joindre le duc de Guise avec ses troupes et de se porter vers Péronne pour la secourir. Mais avant de se retirer, le duc de Nassau veut encore nous faire éprouver tous les effets possibles de sa rage. En effet, ses batteries ne cessent de nous envoyer du fer depuis le point du jour jusqu'à six heures du soir. Maisons, tours, églises, couvents, rien n'est épargné. Le pavillon qui servait de comble au beffroi ébranlé, chancelle et tombe ; les cloches sont brisées et le reste du monument fort endommagé, ainsi que plusieurs bâtiments voisins. Enfin la nuit suivante l'armée se met en retraite.

11 Septembre. A peine la nuit eut-elle fait place au jour, qu'on aperçut du haut des remparts un grand attirail de chariots qui défilaient par divers chemins. Les soldats démontaient leurs tentes, brisaient leurs barraques et pliaient bagage. La sérénité commençait à renaître dans le cœur des Péronnais spectateurs de cette retraite; mais ils ne purent retenir leurs larmes en voyant tout-à-coup des tourbillons de flammes s'élever de tous côtés. Le duc avait fait mettre le feu à tous les villages de la banlieue, Biaches, Bazincourt, Halles et Sainte-Radegonde et autres lieux circonvoisins furent réduits en cendres.

Depuis trente-deux jours que les ennemis avaient ouvert leurs tranchées, Péronne s'était vaillamment défendue, malgré le petit nombre d'hommes qui avait contribué à sa défense et qui ne se montait guère, tout compris, qu'à trois mille, contre les attaques incessantes de cinquante à soixante mille soldats commandés par ce que l'Allemagne comptait de plus braves en généraux et officiers.

Dès qu'on fut certain qu'il n'y avait plus rien à craindre, on rendit à Dieu de solennelles actions de grâces. Officiers, bourgeois et soldats se firent un devoir d'assister à une procession générale qu'on voua dès lors à perpétuité. Ces brèches toutes récentes, rougies et pour ainsi dire toutes fumantes encore du sang de tant de braves; ces murs abattus en mille endroits, ces échelles énormes, dont une partie était encore dressée; tant d'édifices, grands et petits, endommagés ou tout-à-fait détruits; le cortège belliqueux de ces mêmes officiers, de ces mêmes soldats, dont une grande partie appartenait au régiment de Picardie, et qui tous avaient payé de leur personne, tout cela formait un spectacle plus aisé à imaginer qu'à décrire.

Cette immense procession s'arrêtait aux endroits où le danger avait été le plus grand, où avait brillé la valeur et l'héroïsme. On y entonnait des hymnes célébrant les périls qu'on y avait courus et les avantages qu'on y avait remportés. Le lendemain de ce jour et les deux jours suivants, les Péronnais se livrèrent à des réjouissances publiques, où accoururent les habitants des lieux circonvoisins qui vinrent partager la joie des citoyens. Après ces jours de liesse, le maréchal de la Mark, accompagné des sires de Saiseval et de Sercus allèrent trouver le roi qui guerroyait alors en Piémont, pour lui rendre compte de l'heureuse issue de ce mémorable siége. François I.er honora le maréchal du titre de libérateur de Péronne et de protecteur du royaume; mais ce guerrier n'en jouit pas longtemps, car il mourut un an après. On célébra un service solennel en son honneur ainsi qu'en celui des braves qui avaient succombé pendant le siége, service qui fut renouvelé l'année suivante et dans la suite, le lendemain du jour consacré à la procession du siége. Ce service porta le nom de *Messe des occis*. Les échelles qui avaient servi aux assiégeants furent placées dans la collégiale de S.-Fursy. On voyait encore à la fin du siècle dernier, dans cette vaste église, plusieurs rangées de ces échelles dont la plus longue touchait à la voûte.

Péronne, depuis le siége, prit pour devise une pucelle armée avec ces mots : *Urbs nescia vinci*. François I.er ayant ensuite contribué à la réédification de l'hôtel-de-ville, qui est aujourd'hui le palais de justice, y fit mettre la sienne. C'est une salamandre au milieu des flammes avec ces mots: *Nutrisco et extingo*.

Rebuffe, auteur contemporain, était si persuadé que les Péronnais avaient donné pendant le siége des preuves de la plus grande valeur qu'il dit, dans ses commentaires sur les édits et ordonnances de nos rois, que lorsqu'on voudra exprimer la plus courageuse défense, on l'appellera une *défense péronnaise*.

Dupleix, historiographe de France, presqu'aussi du même temps et qui, non plus que Rebuffe, ne passe pas pour flatteur, dit également que *jamais place ne fut ni plus vivement assaillie ni plus vaillamment défendue*. Il dit encore que chacun avait son quartier qu'il défendait d'autant plus *gaillardement* et *vaillamment* qu'il était certain que les autres en faisaient autant de leur côté. Il a raison d'employer le premier de ces deux adverbes, car plusieurs bourgeois ne firent que critiquer et les tourner en dérision la plupart des opérations de l'ennemi. Ce fut au milieu du vacarme des canons et du tumulte des assauts, que plusieurs composèrent des chansons, dont trois d'une prodigieuse longueur, sur des airs connus. Celle que l'on chantait de préférence pendant les jours anniversaires du siége avait pour refrain ces quatre vers qui, s'ils ne sont pas riches du côté de la rime, témoignent assez de la gaîté de nos ancêtres :

> *Toujours francs Péronnais*
> *auront bon jour.*
> *Toujours et en tous tems*
> *Francs Péronnais auront bon tems.*

Hubert du Saussay ou Sussan, comme l'appelle Émeré, né à Péronne en 1502, témoin du siége, eut probablement beaucoup de part à la composition de ces chansons. Selon les mémoires pour servir à l'histoire du Vermandois, cet heureux génie célèbre alors, par des poèmes qui malheureusement ne sont pas parvenus jusqu'à nous, les prodiges de courage de ses compatriotes. Ces pièces étaient en vers latins.

On voit par la lettre de *Don et Privilège* que le roi de France a donné à sa loyale ville de Péronne, que « *pendant ledit siége, il leur a convenu* (aux habitants) *pour la seûreté et tuition et défense d'icelle, porter et soutenir plusieurs grands frais, bouter le feu et brûler les trois faubourgs d'icelle ville, abattre et démolir grand nombre de maisons pour employer aux remparts et fortifications, où ils ont eu dommage et perte de plus de trois cent mille écus, etc., etc.* »

1537. Le Réveilleur. Tel était le nom d'un personnage payé par le conseil de ville pour parcourir de nuit, et trois fois la semaine, les lundi, mercredi et vendredi, les rues et carrefours, criant à haute voix : *Réveillez-vous, gens qui dormez; priez Dieu pour les trépassés.* Il commençait sa ronde vers minuit. Il était armé d'une cloche de 50 à 60 livres qu'il brandissait et faisait sonner avant de prononcer ces paroles funèbres. Cette coutume était dit-on très ancienne et avait pris naissance dans la pieuse intention de quelque fondateur. Elle existait encore dans bien des villes de France et en certains pays étrangers. En Allemagne, par exemple, nous nous souvenons avoir entendu dans beaucoup de villes les cris des gardes de nuit. Les uns s'annonçaient par le grincement d'une forte crécelle, d'autres tiraient des sons effrayans d'un cornet à bouquin. La charge de notre réveilleur avait une certaine importance. Elle était assez largement rémunérée pour le temps. Ses émoluments avaient varié suivant les circonstances. En 1537 on fonda pour le réveilleur douze septiers de blé, franc moulu, à prendre sur les moulins de la ville. Il recevait aussi une somme d'argent. Antérieurement c'était celui qui avait la ferme de *crier le vin* par la ville, qui était obligé de recommander de nuit les âmes des trépassés, sans aucun gage; mais à partir de l'époque dont nous parlons, les parents de chaque habitant qui décédait dans la semaine devaient lui donner cinq sous pour le moins, pour recommander leur parent pendant sa promenade nocturne. Il récitait à leur intention un *de profundis* à chaque station, c'est-à-dire à tous les coins de rue et spécialement à la porte du défunt. Ce n'est pas sans quelque regret qu'une partie des habitants virent s'éteindre cet antique usage en 1750. Voici à quelle occasion.

M. de Chauvelin, intendant d'Amiens, se trouvait à Péronne logé chez un M. Grenier, receveur des tailles, qui demeurait près de l'ancienne porte de S.-Nicolas. Après un splendide souper auquel avaient pris part une certaine quantité de convives, et qui s'était prolongé assez avant dans la nuit, on sort enfin de table et M. de Chauvelin reconduit plusieurs dames étrangères à la ville jusqu'à la maison où elles étaient descendues. Tout-à-coup, au coin d'une rue, la cloche se fait entendre et le crieur entonne son lugubre chant. On le prend pour quelqu'échappé du sombre bord et les dames épouvantées se mettent à fuir à droite et à gauche; les unes jettent des cris, les autres, paralysées par la peur, ne peuvent plus aller et s'évanouissent, tandis que l'auteur de tout cet effroi continuait paisiblement son parcours sans se douter de la scène dont il était l'innocent auteur. L'intendant peut-être aussi effrayé que ses compagnes, s'écrie d'abord et demande d'une voix entrecoupée quel est cet original? On lui répond que c'est le réveilleur, et l'interlocuteur se mettait en devoir de lui détailler les fonctions de ce messager des morts; mais l'intendant, sans vouloir en entendre d'avantage, s'écrie : « Je l'interdis, je l'interdis; je ne veux plus entendre parler ni de réveil ni de réveilleur. » Depuis lors cette charge fut abolie.

1539. Le 10 janvier on veut resserrer l'étendue de la ville, probablement pour augmenter, par de nouvelles fortifications, son importance comme place forte. Les habitants envoient à cette occasion une députation pour se plaindre, sous prétexte que la ville n'était pas déjà trop grande et quelle était *mal peuplée.* Pendant ce même mois de janvier, Charles-Quint, accompagné du roi François 1.er, passe par Péronne. L'Hôtel-de-Ville était en projet de construction.

1545, 5 février, La maladie épidémique dont nous avons déjà parlé (1514) fait encore invasion dans la ville et dure jusqu'en septembre. Elle reparaît encore l'année suivante.

1548. Une charte du roi du 2 juin 1548 réduit à huit le nombre des échevins; mais cette ordonnance fut abrogée dix ans après par une autre du 8 juin 1558, qui en porta le nombre à douze. En ce temps il paraît que la police municipale se faisait avec beaucoup de soins. Les fours et cheminées étaient visités à certaines époques. En cette année 1548 on démolit le four d'un chanoine.

1552. Il y avait alors à Péronne un exécuteur des hautes œuvres. Il avait pour droit de prendre deux sols par chariot et un sol par charrette de blé ou autres grains, et trois deniers par chaque sac de somme entrant en ville, sans pouvoir rien prétendre sur les petits sacs, sur les fruits, beurre, fromages, œufs et autres denrées et marchandises, à peine de prison et de cinq livres d'amende.

1555. Nous voyons dans une pièce, à la date du 12 juillet, que l'amiral de Coligny était alors gouverneur de Péronne. C'est le même qui fut depuis massacré à Paris le jour de la S.t-Barthélemi.

1557. Après la bataille de S.t-Quentin, où fut défait le connétable de Montmorency, l'ennemi s'empare du Catelet, de Ham et de Noyon; mais se souvenant de ses infructueux

efforts et de la retraite honteuse de Henry de Nassau en
1536, il n'ose venir se morfondre devant Péronne. On avait
jugé à propos, au mois d'août précédent, de démolir les
maisons du faubourg de Bretagne, dans la crainte d'un
nouveau siége. Jacques d'Humières était alors gouverneur
de Péronne, charge qu'il remplissait encore en 1576, époque
où il se fit le chef de l'association des seigneurs de Picardie
pour le soutien de la foi catholique, association qui fut le
noyau de la Ligue. (Voir 1576).

1558. Le roi Henri II, par charte du 14 mars 1558, confirme aux habitants le droit d'élire eux-mêmes leurs magistrats. En cette année la maladie contagieuse exerce de
nouveau ses ravages dans la ville.

1566. On rédigea cette année la coutume de Péronne,
Montdidier et Roye. Douze cents députés des trois ordres
étaient présents à cette rédaction, il y eut un édit de
Charles IX à ce sujet.

1574. Les seigneurs de la province s'assemblent à Péronne pour aviser aux moyens de défendre la religion catholique contre la prétendue réformée. Ce fut le prélude de
la ligue. Le 23 septembre de cette année les mayeur et
échevins obtiennent contre le chapitre de S.t-Fursy une
sentence qui l'oblige à fournir un prêtre pour administrer
les sacrements aux pestiférés ou bien à en faire fournir un
par les curés de la ville. On observera aussi par ce qui
précède que la ville était encore en proie à la maladie contagieuse dont il a déjà été plusieurs fois question. On ne
voulait point recevoir à l'hôpital des malades qui en étaient
atteints. Le 24 juillet les sœurs religieuses de cette maison
se refusèrent encore à leur admission. On les poursuivit
judiciairement pour les y obliger, mais il parait qu'elles
eurent gain de cause, car la ville fut obligée de faire l'acquisition d'une maison et de deux jardins au faubourg de
Paris, afin d'y faire bâtir des loges pour les pestiférés.

1576. LA LIGUE. Le premier acte d'association pour la

Ligue qui devint plus tard si fameuse dans notre histoire
fut projeté à Péronne, rédigé et signé à Happlaincourt,
château fort dont il a déjà été question dans ces mémoires,
situé à deux lieues au sud de la ville, sur la rive gauche de
la Somme qui baigne ses murs. Les Picards furent facilement amenés à ce pacté « par la crainte qu'on leur donna
que le prince de Condé ne plantât sa religion dans la province, s'il venait fixer sa résidence à Péronne, ce qui formait une clause du traité de paix du 9 mai, qui lui conférait
en même temps le gouvernement de la Picardie, dont il
avait déjà le titre. » (Mézeraï).

Les Ligueurs Parisiens, forcés de renoncer pour le moment à leurs desseins, désiraient néanmoins se faire le plus
de prosélytes possible dans les provinces et surtout en
Picardie, d'autant plus que Péronne était un des refuges
concédés au prince de Condé et qu'ils avaient intérêt à ce
que cette ville lui ouvrît ses portes. Mais Jacques d'Humières, gouverneur de la ville, protégé du duc de Guise et
de toute la noblesse du pays, avait refusé de recevoir dans
la ville les troupes de la garde du prince de Condé que ce
prince y envoyait dans l'intention de s'y retirer par suite
du traité du 9 mai. Cette mesure avait excité quelques
troubles. On envoie des députés au roi. Ce monarque donne
ordre d'enlever les poudres et l'artillerie et de recevoir les
troupes du prince. Le gouverneur, mécontent de cet ordre,
se démet de son gouvernement; mais les bourgeois, probablement à l'instigation de la noblesse et du clergé, s'emparent du château et s'opposent à l'exécution des ordres
de Henri III. Hélas! instabilité des choses humaines! Ces
mêmes bourgeois aidèrent plus tard le duc de Mayenne et
ses troupes à démanteler ce même château; ce qui leur fit
perdre encore une fois leurs privilèges qui ne leur furent
rendus qu'après l'avènement de Henri IV au trône de France.
Toutefois, pendant que ces choses se passaient, le gouverneur Jacques d'Humières, tâchant toujours de susciter des

obstacles au prince de Condé, n'en trouva pas de meilleur que de forcer la noblesse, par un engagement solennel, à ne rien souffrir qui pût préjudicier au bien de la religion romaine. Il dressa donc la formule d'un serment qu'il présenta aux gentilshommes de la province. Presque tous aussi catholiques qu'attachés à leur commandant, ils signèrent cette confédération, et en peu de temps la Picardie entière, villes et campagnes se trouvèrent engagées à cette ligue qui bientôt se propagea par toute la France.

On assure qu'un greffier nommé Bedu reçut du père Mainbourg la somme de cent soixante et dix livres pour lui remettre l'original de l'acte de la Ligue, que ce dernier se vante effectivement d'avoir en sa position.

1577. Henri III s'étant déclaré chef de la Ligue, on en signa une nouvelle rédaction avec les modifications que cet incident avait fait naître. Cette dernière fut signée en février 1577 et enregistrée à Péronne le 13 février de la même année.

1578. Le cardinal de Bourbon vient demeurer à Péronne où il publie un manifeste dans lequel il s'intitule premier prince du sang et s'efforce de justifier sa conduite.

1585. Ce même cardinal auquel le duc de Guise avait persuadé qu'en cas de déchéance de Henri III la couronne de France lui appartiendrait, se retire de nouveau à Péronne, ville qui, comme nous l'avons dit, avait été concédée aux ligueurs par le traité de Nemours.

1589, 13 mars. Il y avait alors à Péronne, parmi les habitants, deux partis, l'un pour le roi, l'autre pour la ligue. Ce dernier était le plus faible, mais il avait pour lui le gouverneur, Michel d'Estourmel, capitaine de cinquante hommes d'armes. Les partisans du roi se plaignirent au conseil de la ville, qu'il y avait chez le gouverneur des conciliabules de ligueurs. Quelque temps après, le gouverneur, chef du parti de la ligue, fait poursuivre ceux qui sont restés fidèles au roi. On nomme des commissaires pour faire leur procès, le mayeur se trouvait du nombre; mais les commissaires refusèrent tous de siéger.

1590. Après la mort de Henri III, les ligueurs élisent pour ombre de roi le vieux cardinal de Bourbon qui prend le titre de Charles X; son séjour ordinaire était Péronne où il faisait battre monnaie à son coin. On trouve encore quelques pièces de cette monnaie dans les cabinets des curieux.

1592. La ville envoie pour député aux états généraux Robert Choquet, lieutenant civil.

1594. Le 24 juin on se range définitivement du parti de Henri IV qui promet aux habitants de leur conserver le culte de la religion catholique, et rend à la ville ses privilèges dont les principaux étaient le droit d'octroi, à l'exemption du logement des gens de guerre; ce qui causa une liesse générale dans la cité.

1594. Michel d'Estourmel, gouverneur de Péronne, Montdidier et Roye, était enragé ligueur. Il se fit prier pour se ranger du parti de Henri IV. Il fallut pour ainsi dire traiter avec lui comme de puissance à puissance. Un traité donc fut rédigé et ses articles présentés à l'approbation du roi, en son conseil, le 23 avril 1594, et accordés par un édit enregistré au parlement le 17 juillet suivant en leur presque totalité. Deux de ces articles étaient ainsi conçus: « *1.° que dans les villes de Péronne, Montdidier et Roye, il ne se fasse aucun exercice que de la religion catholique et romaine; 2.° que lesdites villes seront conservées en leurs franchises et privilèges, foires et francs marchés; autorisant et confirmant de rechef la jouissance et lettres qui en ont été obtenues, et tous les officiers y maintenus et conservés, sans être tenus, s'il plaît à S. M., de payer aucune finance pour obtenir lesdites lettres.* » L'article 7 de cet édit porte: *pour le bien, repos et conservation des habitants, le château ne sera refait fortifié ni rebâti; ains demeurera comme il est à présent.* » Il paraît cependant qu'il fut rebâti sous le règne de ce roi tel qu'on le voit aujourd'hui.

1610. Le 18 septembre, Concini, maréchal d'Ancre, est nommé gouverneur de Péronne. Il arrive en ville et veut vexer les habitants en faisant occuper la cité par un régiment de troupes walonnes. Les bourgeois s'assemblent en armes et chassent les troupes walonnes hors de la ville qu'ils mettent en état de siége. Combien cet état dura-t-il ? c'est ce que nous n'avons pu découvrir. Quelques années après il y eut encore des troubles et les habitants élevèrent des barricades pour se défendre. C'était peu de temps avant l'année 1616, comme on le verra.

1616. Le duc de Longueville, un des principaux mécontents de la faveur du maréchal d'Ancre auprès de la reine-mère Catherine de Médicis, s'empare à main armée de Péronne et soutient cette usurpation contre les troupes que la reine lui oppose. Ce prince était gouverneur de Picardie ; maître de la ville, il protège ensuite les habitants qui craignaient une punition sévère à cause de leur sédition et de leurs barricades. La présence de ce seigneur les protège et les fait rentrer dans le devoir.

1623. La maladie pestilentielle reparaît de nouveau et fait des ravages à Péronne. On suspend la foire à cause de ce fléau.

1627. On songeait à l'établissement du couvent des Ursulines.

1632. La peste se montre encore au mois de janvier de cette année ; elle débute sur deux enfants d'un bourgeois du nom de Simon Levêque. La reine vient à Chaulnes.

1635. Le 3 février, un grand débordement de la Somme survient tout-à-coup après un rapide dégel. Le courant fait irruption au-dessus de la chaussée du faubourg de Soyebaut-Escluse, et en entraîne la moitié ainsi que deux corps-de-garde et les soldats qui s'y trouvaient.

Le 1.er mai, le roi Louis XIII vient à Péronne, accompagné de la reine et du cardinal de Richelieu. Ils y séjournent jusqu'au 8. Le roi confirme les privilèges de la ville.

1636. La peste, cette funeste maladie dont il a déjà été si souvent question et qui avait déjà tant de fois ravagé la malheureuse population de Péronne, se manifeste de nouveau; elle décime le faubourg de Soyebaut-Escluse. On interrompt toute communication de ce faubourg avec la ville.

L'armée espagnole des Pays-Bas, commandée par le fameux Jean de Verth et le cardinal-infant, donna cette année beaucoup d'inquiétude. Bloquant la ville et dévastant les environs, elle s'empare du Câtelet et du château du Mesnil-Bruntei, tous deux situés à l'est et à peu de distance de la ville, et dont il ne reste plus que des traces; puis elle tourne vers le Mont-S.¹-Quentin et menace le château de Cléry. Elle prend enfin à peu près les mêmes allures qu'avait prises cent ans auparavant l'armée du duc de Nassau lorsqu'il assiégea si infructueusement notre cité; mais une vigoureuse sortie de la garnison lui fait renoncer à l'idée de s'emparer de ce fort. C'est sur ces entrefaites qu'un sieur Martin Gauchin, médecin, est fait prisonnier en allant voir les malades atteints de la peste et qu'on avait séquestrés hors la ville. On offrit une rançon pour lui. L'ennemi se dirige ensuite vers le village de Brie pour tenter le passage de la Somme sur la chaussée qui traverse cette rivière au-dessous du village; mais les paysans, désespérés par leurs excès, s'arment et les forcent à se replier vers S.-Christ dont les habitants, se réunissant à ceux de Brie, les chassent et les poursuivent en leur tuant beaucoup de monde. Il est à présumer que ce n'était qu'un parti peu nombreux d'ennemis à qui ils eurent affaire, la population de ces deux villages n'eut pu résister à tout un corps d'armée. Toutefois, cette résistance, ce dévouement héroïque des habitants de Brie leur coûta trente braves.

Enfin, le comte de Soissons vint au secours de notre pauvre Picardie et força les ennemis à se replier. En se retirant ils assiégèrent la petite ville de Bray où deux cents hommes du régiment de Piémont furent tués. Louis Quentin, bourgeois de Péronne, auteur d'un journal d'où sont extraits ces détails, était alors à Bray; il raconte que ces malheureux furent lâchement trahis par un officier qui leur avait distribué des balles trop grosses. Les habitants se défendirent vigoureusement.

De Bray l'ennemi se porta sur Roye qui ouvrit ses portes, puis à Nesle qui crut devoir se défendre, mais cette petite ville fut prise au premier assaut et livrée au pillage; on lui épargna les horreurs qu'elle eut à subir lorsqu'elle fut prise en 1472 par le duc de Bourgogne. Après cet exploit, l'ennemi revient vers Corbie qu'il assiége et dont il s'empare; mais il ne reparait plus devant Péronne qui se tenait sur la défensive et dont l'attitude belliqueuse lui parut devoir balancer ses succès. Peut-être aussi sa belle défense de 1536 lui valut-elle de ne point subir de nouveau l'horreur d'un siége.

1637. La maladie pestilentielle continue ses ravages.

1639, 11 juillet. Louis XIII arrive à Péronne accompagné du cardinal de Richelieu, il en repart le 13 pour S.-Quentin.

1641. Le roi et le cardinal arrivent de nouveau à Péronne le 2 juillet et y séjournent jusqu'au 19. Ce prince y apprend la défaite du duc de Chatillon, dans laquelle le comte de Soissons avait été tué. Pendant le séjour du roi en cette ville, il y conclut un traité avec Honoré Grimaldi, prince de Monaco, d'après lequel le duc accepte le protectorat de la France pour se débarrasser de la domination des Espagnols qui tenaient garnison dans sa petite principauté. En vertu de ce traité, les Espagnols furent surpris et égorgés, et la flotte française entre dans le port de Monaco. Ce fut en entrant dans ce port que le commandant de la flotte improvisa la chanson si connue:

A la Monaco
L'on chasse et l'on déchasse
A la Monaco
L'on chasse comme il faut.

7.

La chanson a fait plus de chemin dans la postérité que le nom de son auteur.

Le 11 septembre de cette même année, jour de la procession du siége, le roi vient à Péronne, il y reste jusqu'au 21. Pendant ce nouveau séjour il apprend que Bapaume, petite ville, forte à cinq lieues de Péronne, s'est soumise à son obéissance. Après avoir reçu cette nouvelle, il fait chanter un *Te Deum* à l'église de S.ᵗ-Fursy. Le jour de son départ il apprend la prise de *Coni* en Italie par ses armées.

1642. Le comte de Guiche est défait à Honnecourt à quelques lieues de Péronne. L'irrésolution du comte don Francisco de Melos sauve la ville d'un blocus ou d'un siége. (*Voir Mezerai*).

1644. Le 15 septembre arrivèrent à Péronne deux cents Polonais chargés d'aller auprès de Marie de Gonzague, fiancée de Ladislas, roi de Pologne, pour lui servir d'escorte. Chacun d'eux portait au cou un sac rempli d'or et d'argent. Le mariage eut lieu l'année suivante et le même cortége repasse par Péronne, accompagnant la jeune reine, qui y fut reçue avec tous les honneurs dus à son rang.

1649. Le 22 février, Antoine Louvel, seigneur de Fontaine, est élu député pour Péronne aux états-généraux. Il était mayeur de la ville. Le 11 juillet, le roi d'Angleterre passe par Péronne allant à Paris voir la reine, sa mère.

1651, 26 février. Le cardinal Mazarin arrive à Péronne avec son neveu Mancini. Le lendemain, il reçoit l'ordre de sortir du royaume. Il partit le jour suivant; mais il devait être bientôt rappelé.

1652. L'autorité reçoit une lettre de MM. du Parlement ainsi que leurs arrêts des 19 et 20 juillet, par lesquels ils supplient le roi d'éloigner de sa personne le cardinal Mazarin. Ces arrêts furent adressés à toutes les principales villes du royaume.

1655. Le roi vint à Péronne avec le cardinal Mazarin. Ils y restèrent deux jours.

1656. — TRAHISON D'HOCQUINCOURT. — Le prince de Condé, mécontent de l'autorité du cardinal Mazarin, avait pris les armes contre son souverain. Il attire secrètement à son parti le maréchal d'Hocquincourt, gouverneur de Péronne, par l'entremise de la duchesse de Chevreuse. Ce fut à cette occasion que le maréchal écrivit à cette dernière que Péronne était à *la belle des belles.*

Le 25 août était la veille du jour que le gouverneur avait choisi pour livrer la ville aux partisans de Condé. Deux régiments formaient la garnison, l'un, probablement français, gagné par le gouverneur, l'autre, suisse, dévoué aux intérêts du roi. Le mayeur, Antoine Louvel, seigneur de Fontaine, secrètement informé de la trahison et du jour fixé pour l'exécution du complot, s'assure des bonnes dispositions du commandant suisse et de son régiment. Le maréchal avait imaginé de donner le lendemain 26 août une fête aux dames hors de la ville. C'était pendant les divertissements auxquels elle devait donner lieu que le régiment sur lequel il comptait devait favoriser ses projets. Cependant le conseil reste assemblé tout le jour. Le soir, défenses furent faites aux bourgeois de sortir de chez eux. Le lendemain matin, le gouverneur apprend que les boutiques sont fermées, il se persuade que c'est à l'occasion de la fête qu'il doit donner; mais lorsqu'on lui apprend que les portes de la ville n'ont point été ouvertes comme de coutume, il commence à soupçonner que ses projets sont découverts. Aussitôt il envoie chercher le mayeur qui se trouvait à l'hôtel-de-ville avec le conseil assemblé. Le mayeur se transporte de suite chez le gouverneur qui éclate en récriminations, lui fait un crime de suspecter sa fidélité, lui ordonne de faire immédiatement ouvrir les portes de la ville et même de lui en remettre les clefs. Pendant que tout ceci se passait, le régiment à la dévotion du gouverneur était déjà sous les armes. Le prudent mayeur lui répond qu'il ne veut rien prendre sur lui sans en avoir conféré avec le conseil. Le maréchal ne lui donne qu'une heure.

De retour à l'hôtel-de-ville, le mayeur envoie en toute diligence prier le colonel du régiment suisse de faire prendre sans délai les armes à son régiment, de le placer par pelotons aux débouchés de chaque rue et de se tenir prêt au signal qui serait donné par le tocsin. Quatre pièces de canon sont braquées sur la place, vis-à-vis la maison du gouverneur. Tandis que ses ordres s'exécutent, Louvel de Fontaine se rend de nouveau chez le maréchal, à qui il déclare qu'il ne peut livrer les clefs de la ville; que c'est en vain qu'il s'obstinerait à vouloir les avoir en sa possession; que les Péronnais étaient décidés à verser tout leur sang plutôt que de se rendre coupables de la moindre infidélité envers le roi. Le gouverneur alors se répand en invectives et en menaces contre le vertueux mayeur. C'est en vain que madame la maréchale vient supplier elle-même son époux de se désister de ses prétentions, un soufflet la paie de son officieuse intervention. Le mayeur, qui jusqu'alors avait usé de modération, mais qui craignait qu'on ne donnât le signal au régiment coupable, prend tout-à-coup le ton de supériorité que donne la défense d'une bonne cause. Il engage le gouverneur à s'approcher d'une des croisées de ses appartements qui donnait sur la place : « Voyez, monseigneur, lui dit-il, voyez ces canons, ces troupes, ces bourgeois en armes, ils ne sont pas là pour une simple revue. »

Le maréchal effrayé, déconcerté, balbutie quelques mots entre ses dents et dit ensuite au mayeur : Que ferai-je? « Il faut fuir, monseigneur, lui répond ce dernier. Une porte donne de l'extrémité de votre jardin sur le ruisseau qui s'y trouve. Un bateau y est amarré prêt à vous recevoir et vous conduire à la porte de fer, où une autre embarcation d'un habitant de Flamicourt vous attend également et facilitera votre fuite. » Le maréchal se rend aux conseils du mayeur, et la ville se trouve en peu d'instants délivrée de la trahison et du traître.

Le mayeur partit le lendemain pour Compiègne où se trouvait alors le roi. Il lui rendit compte des événements qui venaient de se passer. Le roi voulut le récompenser et lui demanda s'il était gentilhomme. Sur sa réponse affirmative : « Quelle récompense voulez-vous, lui dit-il ? » La bienveillance de votre Majesté, répondit Louvel. Il lui demanda ensuite quelle personne il désirait pour gouverneur à Péronne ? Il répondit qu'il désirait que ce fût le fils du maréchal d'Hocquincourt. Quoi ! répondit le roi, le fils du traître ? Le mayeur répondit que le fils, loin de participer au crime de son père, était resté sujet dévoué, au point qu'il s'était offert, s'il n'y avait point de canonniers, de pointer et mettre le feu lui-même aux canons dirigés vers la maison de son père. Le roi se rendit aux désirs de Louvel et de plus confirma les privilèges de la ville.

1657. Le parti du prince de Condé rallume la guerre en Picardie, le village de Manancourt, le château et l'église sont incendiés; ce village n'est qu'à deux lieues et demie environ de Péronne. En cette même année le roi et la cour restèrent à Péronne pendant la durée du siège d'Arras, enfin reprise sur les Espagnols. On rapporte que Louis XIV aimait beaucoup Péronne et que, dans un de ses projets de voyage en Flandre, parlant de Péronne, comprise dans son itinéraire, il dit : « Oh! oh! nous serons chez nous, là. »

1660. Péronne, quoique ville de peu d'importance, peu étendue et peu peuplée, jouissait cependant d'une certaine considération, comme on a pu le voir, dans plusieurs circonstances et à différentes époques. En 1661 le roi écrivit à messieurs les mayeurs et eschevins de la ville pour leur annoncer la naissance du dauphin, démarche qu'il ne faisait qu'auprès de ses *bonnes* villes.

Les bourgeois réclamèrent toujours et obtinrent souvent le pas sur les troupes lorsqu'il y avait de la garnison et dans les cérémonies. Le 5 juillet 1660, à l'entrée du duc d'Elbeuf, gouverneur général de Picardie, les jeunes gens de la ville eurent le pas sur la garnison.

1668. La peste apparaît de nouveau. Voici ce que rapporte un témoin oculaire : « Il y avait environ trente ans que Péronne était délivrée de l'épouvantable fléau de la peste, lorsque l'on s'aperçut qu'elle recommençait ses ravages. Elle se manifesta d'abord dans une seule maison et successivement dans plus de soixante. Ce fléau, d'après ce que des anciens nous ont dit, avait été malheureusement apporté par une lettre venue de Grèce et adressée à N..., bourgeois de la ville, lequel mourut, dit-on, subitement à l'ouverture de cette funeste missive, et ensuite presque toute sa famille. Le faubourg de Bretagne subit à son tour les horreurs de ce fléau, lorsqu'il eut ravagé la ville. Cette maladie ne cessa qu'au bout de près d'un an, après avoir emporté parmi les victimes quinze personnes marquantes. On fut obligé d'enlever les morts la nuit et sans aucune cérémonie. » (*)

1669. Au 3 juin deux cent vingt-six personnes avaient été attaquées de la contagion tant à Péronne que dans la banlieue. On accorde une gratification à Claude Waudricourt, médecin, qui leur avait donné ses soins.

Au mois d'octobre 1669, il y eut un incendie considérable au faubourg de Bretagne. Après ce désastre, on y proscrivit pour l'avenir les couvertures en chaume. Ce fut assurément une sage mesure qu'on aurait dû étendre également au faubourg de Soyebaut-écluse ou de Paris, ce qu'on ne fit point; car il n'y a pas longtemps que dans la première moitié de ce faubourg, celle qui n'a qu'un rang

(*) Ce ne fut probablement pas cette lettre arrivée de Grèce qui apporta la maladie, puisqu'elle régnait en même temps dans d'autres villes, telles qu'Amiens, Roye, etc., etc.

d'habitations, quelques maisons étaient encore construites en torchis ou palissades et couvertes en chaume. Cependant nous voyons avec plaisir que celles que leur vétusté oblige à reconstruire sont rebâties en briques et couvertes en tuiles.

1673. Le 5 mai, le roi arrive à Péronne avec la cour. Le lendemain il visite les fortifications.

1684. Etablissement à Péronne des sœurs hospitalières de Sainte-Agnès par lettres patentes du mois de mai 1684.

On rapporte à cette année une aventure fort étrange et qui prouve que souvent et fort heureusement pour la société, le crime ne reste point impuni. Un fossoyeur creusant une fosse destinée à recevoir le corps d'un homme qui venait de mourir, avait mis à découvert le squelette d'un individu anciennement inhumé à cette même place, il en jetait les os pêle-mêle avec la terre qu'il retirait de cette fosse; des enfants se trouvaient là qui, en examinant la tête, découvrirent qu'une des oreilles était remplie par un corps dur et le firent remarquer au fossoyeur qui bientôt reconnut un lingot de plomb. Il fait sa déclaration qui donne lieu à une enquête. Bientôt on reconnut ces restes pour ceux d'un habitant de la ville enterré vingt ans auparavant. Sa veuve vivait encore. On s'empare de sa personne, on l'interroge et l'on ne tarde pas à obtenir de cette femme l'aveu qu'elle a abrégé les jours de son mari en lui coulant du plomb fondu dans l'oreille. On lui fait son procès, et elle est condamnée à être brûlée vive sur la grande place de la ville.

1688. Louis XIV, en maintes circonstances, manifesta sa satisfaction sur le patriotisme des Péronnais. En 1688 il créa chevalier de l'ordre du S.-Esprit le fils du duc d'Hocquincourt. A cette occasion, il dit tout haut, au milieu de sa cour : « On sera surpris que j'aie nommé M. d'Hocquincourt, et lui le premier, car il ne m'en a jamais parlé ; mais je ne dois point oublier que quand son père quitta mon service, le fils se jeta dans Péronne et défendit cette ville contre son père. » *(Lettre de M.*me *de Sévigné, 5 décembre 1688.)*

1701. La façade de l'ancienne municipalité, aujourd'hui le tribunal, s'écroule le 24 avril 1701. Cet édifice avait été bâti en 1583. On releva cette façade en 1703 et ce fut le roi Louis XIV qui fit les frais de cette restauration. Le conseil, dans sa séance du 18 juin, décide qu'on ornerait le dessus de cette façade des armes du roi, savoir : un soleil de plomb doré avec sa devise au bas : *Nec pluribus impar.*

1703. La bannière en soie brodée en or, que l'on montre encore aujourd'hui à l'hôtel-de-ville, a été brodée en 1703 sur le modèle de l'ancienne qui probablement était détériorée par vétusté. Cette dernière était peinte à l'huile et datait de peu de temps après le siège de 1536 dont elle représentait un épisode. Nous avons lu une notice sur la bannière de Péronne par M. Dusevel, membre du comité historique près le ministère de l'instruction publique, dans laquelle il dit que la tradition veut que cette bannière (celle en soie brodée) soit l'œuvre des dames de Péronne; qu'elle peut donner une idée de l'art de broder à la fin du XVIe siècle ; que le défaut de perspective, le costume des personnages, les armes des guerriers, tout rappelle en effet le temps d'Henri III et d'Henri IV, si ce n'est même celui de François Ier. Il est dans une complète erreur. Combien s'en glisse-t-il dans ce qu'écrivent nos archéologistes ! *Ab uno disce omnes.* Voici la vérité : Cette bannière fut confiée, par suite d'une délibération du conseil municipal du 5 novembre 1703, à un nommé Léon Lecointe, tailleur et brodeur, qui la broda pour le prix de neuf cents livres et autres rétributions. Elle était portée en tête de la procession qui avait lieu chaque année le 11 septembre, jour anniversaire de la levée du siège. Elle était surmontée du portrait en pied de S.-Fursy, revêtu de ses ornements pontificaux ; aux quatre coins étaient également brodés des écussons; mais ces emblêmes furent détachés à coups de ciseaux par quelqu'enragé démagogue à l'époque de notre première révolution. Grâce à Dieu, le sujet est resté complet.

1710. Le roi, dans une conversation sur Péronne, rappelait encore le trait du fils du maréchal d'Hocquincourt. Un monsieur de Vaux, maître-ès-arts à Péronne, envoya une pièce de vers au monarque pour le remercier au nom de la ville de Péronne. Voici ce que lui répondit au nom du roi M. le chancelier Voisin :

« Marly, le 15 avril 1711.

« Monsieur, j'ai reçu votre lettre du 13 de ce mois et la pièce de vers qui y était jointe. Le roi, à qui j'en ai rendu compte, a vu avec plaisir les nouveaux témoignages de la fidélité des habitants de Péronne, soit en général, soit en particulier. Sa Majesté en est bien persuadée et leur fait bon gré de leur zèle pour tout ce qui a rapport au bien de son service. Signé : VOISIN. »

Ce fameux chancelier Voisin est le même qui, à l'instigation de M.me de Maintenon, poussa le roi à faire son testament en faveur des princes légitimés.

1711. Un nommé Jourdain, froissé dans ses intérêts parce qu'on s'était emparé de sa maison qui formait tout son patrimoine, s'imagine d'introduire l'ennemi dans Péronne. Il part pour Bapaume. Après avoir cheminé plus ou moins loin, il se trouve tout-à-coup en présence de quelques escadrons français, qu'il prend pour un parti ennemi. Il demande à parler au chef et lui communique son dessein. On se saisit aussitôt de lui. Son procès est bientôt fait. Il est condamné à être écartelé et subit son supplice à Arras. Ses membres sont rapportés à Péronne et exposés aux portes de la ville. Traitement bien cruel et qui prouve que nos pères, à cette époque, étaient encore plongés dans la barbarie.

1718. Un pauvre homme du faubourg de Bretagne tombe

malade; il est transporté à l'hôtel-dieu, où, malgré tous
ses soins, son mal empire, et, au bout de quelques jours
il tombe dans un état de léthargie tel qu'on le croit mort.
Le lendemain il est déposé dans un cercueil banal qui servait ordinairement à porter jusqu'à leur dernière demeure
ceux qui mouraient dans cet établissement ouvert à l'indi-
gence. On transporte donc cet homme jusqu'à la Chapelette,
petite annexe du faubourg de Paris, où se trouvait alors le
cimetière des pauvres, distant de l'hôtel-dieu d'un bon
quart de lieue. Après les prières d'usage, on tire le corps
du cercueil et il est descendu dans la fosse creusée pour
lui. Au moment où l'on s'apprêtait à le recouvrir de terre,
on remarque que le corps fait quelques mouvements sous
la serpillière qui l'enveloppait. Bientôt des soupirs, des
gémissements se font entendre. Enfin on retire le prétendu
mort bien vivant de sa fosse. Une copieuse évacuation lui
rend la parole. Débarrassé aussitôt de l'enveloppe grossière
ainsi que d'un suaire qui le couvraient, il est porté à une
auberge voisine, et au bout de quelques heures il revient à
pied en sa demeure où il guérit et vécut encore plusieurs
années.

L'auteur des notes qui rapportent cette singulière anec-
dote ajoute qu'au moment où il écrit il existe encore plusieurs témoins oculaires du fait.

1744. Le roi Louis XV passe par Péronne et y reste deux
jours. Toute la cour campe entre le Mont-S.¹-Quentin et la
ville. Le monarque se dirigeait vers la Flandre. Les bourgeois demandèrent et obtinrent de garder eux-mêmes le
roi pendant son séjour en leur cité, malgré de vives contestations de la part des gardes-du-corps et que le roi fit
cesser en faveur des habitants.

1765. En réédifiant ou plutôt en restaurant *le pont des
rondes* qui fermait le bassin des grands moulins, entre la
porte de Paris et le mont dit de S.¹ᵉ-Claire, on trouva dans
les démolitions un certain nombre de pièces d'or. Ce pont

n'existe plus ; le système actuel de défense ne l'ayant plus jugé utile, l'a fait disparaître.

1775. Le canal latéral de la Somme avait été tracé et ses travaux commencés depuis plusieurs années, lorsque des circonstances que nous ne connaissons pas, le manque de fonds peut-être, les firent interrompre. C'était un ingénieur nommé Laurent de L'Yonne qui les dirigeait. Cette interruption parut favorable aux autorités de la ville pour demander au gouvernement le dessèchement des marais de la Somme, comme une mesure extrêmement avantageuse pour la ville. Le mémoire qu'on lui adressa à cet effet fut rédigé par l'avocat Tattegrain. Il n'y fut point fait droit ; mais depuis ce temps, de loin en loin, cette question revint à l'ordre du jour.

1776. Il fut question cette année de la reconstruction d'un hôtel-de-ville. Il fut rebâti à l'endroit où on le voit aujourd'hui. Dans les débats qui eurent lieu au sujet de sa réédification, il fut grandement agité si on le construirait au milieu de la place. On n'écarta cette question que parce que édifié en cet endroit il pourrait porter préjudice à certaines maisons.

1777. Jusqu'en cette année on sonnait une des cloches du beffroi sept à huit fois par jour et presque toujours sans objet. Le conseil, par une décision du 27 février, arrête, que dorénavant elle ne sera plus sonnée que pour l'ouverture et la fermeture des portes, les jours de marché à midi, les dimanches à neuf heures du matin, pour avertir les cabaretiers de ne pas vendre pendant l'office divin, enfin tous les jours à dix heures du soir. A cette dernière heure on se servait ordinairement d'une autre cloche plus petite ; On nommait cette dernière sonnerie : *les soupirs de M. Aubé*, et on sonnait cette cloche par suite d'une fondation. Ce M. Aubé était maire de Péronne en 1681.

1787. On commence pour la première fois à éclairer la ville le soir, au moyen de réverbères. On en établit seize.

En 1838, le nombre en était porté à quatre-vingt-cinq. Aujourd'hui Péronne a voulu montrer qu'elle n'était pas ennemie du progrès ni des lumières, car c'est une des premières petites villes qui ait suivi l'exemple des grandes. Elle s'est éclairée au gaz qui nous donne aujourd'hui une somme de lumière infiniment supérieure à celle des réverbères à l'huile, mais à un prix plus élevé. On a substitué le gaz à l'huile en 1856.

1789. Le 13 juillet on vote une adresse à l'assemblée nationale. On y manifeste la joie qu'on éprouve de la réunion des trois ordres.

18 juillet. Émeute au faubourg de Bretagne. Le peuple pille deux corps-de-garde des fermes de la douane. Cette émeute donne lieu à un arrêté par lequel la milice bourgeoise est constituée. Elle prête à la nation, au roi et à la cité, le serment exigé, et en outre de bien et fidèlement servir pour le maintien de la paix et la défense des citoyens.

26 juillet. Arrestation de l'abbé Maury. Un courrier est expédié à l'assemblée nationale pour le prévenir de cette mesure. Il était député à cette assemblée par le clergé de Picardie. On s'imagina, dit-on, qu'il voulait passer à l'étranger.

Le conseil adressa cette même année une lettre de félicitation au célèbre Necker, relativement à son rappel au ministère. On chanta même un *Te Deum* en actions de grâces.

Péronne souffrit peu des troubles révolutionnaires et du terrible cauchemar auquel la France fut en proie dans les années qui suivirent. Tandis que l'échafaud était en permanence dans les villes voisines, Péronne était comparativement tranquille et se tenait en dehors des fureurs intestines. Un seul de ses habitants porta sa tête sous le fatal instrument de mort. Ce fut un M. Devaux qui n'eut d'autres torts que celui d'être riche. Il y eut quelques arrestations; quelques bouleversements de fortune eurent lieu, comme partout

ailleurs, par suite de la rapide dépréciation des assignats
au moyen desquels les débiteurs trouvaient grand avantage
à rembourser leurs créanciers en place du numéraire qu'ils
en avaient reçu, et dont la plupart, soit par crainte, soit
par respect humain, n'osaient se servir pour acheter des
biens de main-morte ou de noblesse, qu'on vendait à vil
prix, et dont l'acquisition donna naissance chez quelques
uns à d'immenses fortunes que l'on considéra longtemps
comme douteuses, parce que l'état, bouleversé pendant des
années, faisait toujours craindre un revirement quelconque, une contre-révolution. On ne les considéra comme
définitivement acquises, que lorsque la compensation du
milliard qu'on paya aux émigrés les eut enfin assurées à
leurs propriétaires.

La suppression de six communautés de l'un et de l'autre
sexe, Cordeliers, Clarisses, Minimes, Capucins, Ursulines,
religieuses de S.te-Agnès, rendit leurs habitants à la vie
laïque. Toutes les églises furent fermées, puis démolies ;
il n'en resta qu'une debout qui, après avoir servi d'écurie
et de magasin, fut, à l'époque du Consulat, rendue à sa
première destination, ce fut l'église S.t-Jean qui, quoique
consacrée de nouveau au culte, fut encore longtemps négligée, quant aux réparations dont elle avait besoin. Ce
n'est que depuis une dixaine d'années environ que, par des
allocations d'âmes pieuses et par les subventions de la ville,
on put enfin fortifier les voûtes, embellir la façade, réparer
les désordres opérés dans ses mignonnes sculptures par
les dévastations révolutionnaires, et la consolider d'une
manière durable. Les Péronnais déplorèrent et déplorent encore l'anéantissement de leur ancienne collégiale,
l'église placée sous l'invocation de S.t-Fursy, patron de la
ville, beau monument d'architecture gothique et célèbre
par quelques sépultures qu'elle recélait dans son sein, notamment celle de Charles-le-Simple dont nous avons parlé.
Toutefois les débris de ces anciens édifices ont eu leur part

d'utilité; ils ont considérablement servi à l'embellissement de la ville dont les maisons étaient jadis construites pour la plupart en charpente et palissades, ce qui donnait aux rues un aspect sombre et monotone. D'élégantes façades en pierres et en briques ont aujourd'hui succédé à ces tristes et maussades devantures. Le goût moderne a remplacé ces distributions mesquines, bizarres et incommodes dans lesquelles pourtant se plurent nos pères. Ces innovations donnent à Péronne un aspect fort gai et en font un séjour agréable. La place qu'occupait jadis l'ancienne collégiale est aujourd'hui couverte de bâtiments, c'est d'un côté un édifice qui d'abord magasin de grains, a été acheté par le ministère de la guerre et converti en dépôt d'artillerie. Au milieu de l'emplacement a été construite la prison neuve, bâtie en 1823. En creusant les fondations de ce dernier bâtiment, on trouva plusieurs anciennes tombes composées de pierres réunies en forme de coffre long, dans lesquelles on ne voyait que quelques vestiges des ossements qu'elles avaient dû contenir; mais on trouvait dans toutes un ou deux pots de terre cuite assez grossiers et non vernissés, renversés et sous lesquels se trouvait de la braise. A quel temps appartiennent ces sépultures? Peu versé dans la science de l'antiquité, nous laissons aux archéologues le soin de résoudre cette question; enfin le reste de l'emplacement est couvert au S. S. O., d'un côté par une brasserie, de l'autre par une maison bourgeoise.

Puisque nous avons parlé de la principale église que Péronne possédait autrefois et de celle qui seule est restée intact sur ses fondements, nous croyons devoir dire un mot sur la destinée des autres monuments jadis consacrés au culte.

Le couvent des Cordeliers, fondé depuis deux siècles environ, après avoir successivement servi de bureau au Directoire, de sous-préfecture, de logement au commandant de la place, est remplacé actuellement par une superbe caserne où l'on peut aisément loger douze cents hommes, laquelle est précédée d'une vaste cour qui comprend dans son périmètre l'emplacement de l'ancienne église de ce couvent.

Le couvent des Ursulines, après avoir servi de manutention pour les vivres des armées républicaines, fut acheté ensuite par un riche particulier, puis rasé, et a fait place à l'une des plus belles maisons bourgeoises de la ville.

La maison conventuelle des Capucins est celle qui a la première changé de nature et a été remplacée par une vaste maison occupée aujourd'hui par plusieurs commerçants.

La chapelle du couvent des Claristes seule est restée debout, elle est convertie en brasserie.

Des maisons particulières se sont élevées sur l'emplacement jadis occupé par les églises de S.-Sauveur et de S.-Quentin-Capelle, deux paroisses qui existaient aux deux extrémités de la ville. L'église des Minimes n'a été démolie que depuis quelques années; sur son emplacement s'est élevé une jolie petite maison avec une magnifique vue à l'est sur toute la campagne et les eaux environnantes. De tous ces monuments dont il vient d'être parlé, à l'exception de la chapelle des religieuses Claristes, il ne reste plus pierre sur pierre.

Enfin Notre-Dame-de-Bretagne, autrefois paroisse du faubourg de ce nom, a été également démolie et fait place aujourd'hui à de tristes jardins très-négligés et presque en friche.

24 prairial an XII. — CIMETIÈRE. — Mais l'amélioration la plus salutaire assurément qui ait eu lieu pour la santé des habitants de notre cité, c'est la suppression des cimetières dans l'intérieur, l'achat et la création d'un vaste terrain au nord et à un demi-kilomètre de la ville, en se conformant très-exactement au décret du 24 prairial an XII, terrain qu'on a agrandi depuis, ce qui a permis des concessions à perpétuité pour les familles qui ne veulent pas

que leur dépouille mortelle soit profanée chaque fois que la pelle du fossoyeur est appelée à remuer la cendre d'une précédente génération.

1815. Après la funeste bataille de Warterloo, dont la nouvelle ne tarda pas à transpirer, transmise en quelque sorte sur l'aîle des vents, un air morne et triste était empreint sur chaque visage. Il semblait que l'on devinât nos désastres avant d'en avoir reçu la moindre nouvelle. Cependant on vit bientôt passer à travers la ville des blessés, des fuyards désarmés qui racontèrent notre ruine. Bientôt on apprit que l'ennemi victorieux poursuivait sa marche et que déjà il occupait les villes voisines de Cambrai et de S.t-Quentin, et que le roi exilé revenait au milieu des bataillons alliés. La ville de Péronne n'était guères en état de défense, quelques palissades entouraient en partie ses fossés qu'on n'avait pas eu le temps d'inonder. Il n'y avait pour toute garnison que quelques compagnies de gardes nationales mal organisées, celles de l'Oise entre autres, composées en partie de la lie du peuple, d'ivrognes, de mauvais compagnons. De plus, d'une compagnie de fusiliers-vétérans et de la garde nationale urbaine. Cependant l'ennemi s'approchait. Déjà un parlementaire s'était présenté pour demander que la ville se rendît. Un conseil s'était assemblé chez le commandant de la garde nationale de Péronne. Le commandant de la place, zélé Napoléonien, demanda aux officiers s'ils pouvaient répondre de leurs hommes. L'un d'eux répondit que ses hommes étant presque tous pères de famille, il ne pouvait compter sur eux que pour le maintien de l'ordre et de la tranquillité intérieure; qu'à l'égard des gardes nationaux étrangers, inconnus, presque tous ivres depuis trois jours, disposés à troubler l'ordre pour en profiter, ce serait de tristes défenseurs.

En ce moment des officiers d'artillerie de la garde nationale de l'Oise, fort animés, vinrent pour arracher du commandant d'armes l'ordre de tirer sur l'ennemi, qui s'approchait de plus en plus. Il était trois heures et demie.

Un coup de canon se fait entendre; c'étaient les assiégés qui prenaient l'initiative, et bientôt l'ennemi riposta assez vigoureusement, mais sans faire beaucoup de mal. On tiraillait ainsi de part et d'autre depuis environ trois quarts d'heure, lorsque le bruit courut que la ville se rendait. On était en effet à parlementer sous la porte de Bretagne, lorsqu'après un certain intervalle de silence, plusieurs coups de canon se firent entendre de nouveau. C'était la garde nationale étrangère à la ville qui s'était remise à tirer et qui continua avec acharnement.

Mais le feu des assiégeants devenait plus vif. Ils avaient étendu leurs positions et commençaient à attaquer la ville de trois côtés. Le faubourg de Bretagne était occupé par les anglais qui, après avoir escaladé les palissades, avaient gravi les fortifications en terre et tiraillaient sur la ville. Déjà on dressait des échelles contre le pont-levis, lorsque le conseil de défense accepta la capitulation, mais le feu ne cessa que lorsqu'on parvint, en usant presque de violence, à faire retirer de leurs pièces les canonniers, rendus furieux par l'eau-de-vie qu'on leur avait distribuée. Quelques hommes furent tués de part et d'autre, quelques maisons furent endommagées; mais le dégât ne fut pas bien grand.

Le premier objet dont on s'occupa après la capitulation fut de faire partir ces gardes nationaux qui, après avoir déposé armes et bagages, sortirent le soir par bandes de six à sept et évacuèrent la ville. La compagnie de vétérans seule resta dans la citadelle. Le lendemain nos bourgeois virent défiler depuis le matin jusqu'au soir toute l'armée alliée. Vers le soir Louis XVIII entra dans nos murs.

1851. On abandonne l'ancienne porte dite porte Neuve, dont l'extérieur était devenu le siége de grands travaux de maçonnerie et de terrassements. On n'y conserve qu'une

8.

passerelle pour les gens de pied. On juge ensuite utile de rouvrir la porte S.'-Nicolas, abandonnée et fermée depuis longues années. Cette porte, qui présente aujourd'hui une belle entrée de ville forte, a encore l'avantage de diminuer pour les promeneurs la distance que jadis ils avaient à parcourir pour arriver à leur promenade favorite le Quinconce.

LE QUINCONCE. — Autrefois les habitants de Péronne n'avaient d'autre promenade que le village de Flamicourt, et c'était le seul lieu champêtre consacré à la danse et aux divertissements. C'est du commencement de ce siècle que date la création du Quinconce. Il ne consistait d'abord qu'en deux jeux de paume et un endroit pour la danse, lorsque les autorités de la ville, par une transaction avec la commission administrative de l'hospice, obtinrent de celle-ci la jouissance d'une certaine étendue de terrain, attenant à ces jeux de paume, qu'elle transforma en un joli parc, en le plantant en bois. Nous nous rappelons l'avoir vu planter. Plusieurs jolies allées sablées ou gazonnées le percent et l'entourent. Il occupe l'emplacement de l'ancien hôpital de S.'-Ladre, dont on découvrit encore quelques vestiges en plantant le bois. L'une des allées, la plus large et la plus longue, borde ce bois au S. S. O. et est protégée des vents du nord. C'est là que la fashion locale vient jouir des premiers beaux jours, que les vieillards viennent se retremper aux premiers rayons d'un soleil de printemps.

Bien des villes voisines, notamment les villes de guerre qui forment notre frontière du Nord, nous envient cette gracieuse promenade qui vient encore tout récemment d'être augmentée par l'achat d'une certaine étendue de terrain attenant au bois, qui forme une pointe vers la ville et s'étend en descendant vers cette dernière jusqu'à la bifurcation des routes d'Arras et de Paris par Albert. On travaille en ce moment à convertir cette récente acquisition en jardin anglais. L'autorité a toujours pris soin de garantir ce dimi-

nutif des Champs-Élysées de toute avarie, en l'entretenant
avec un soin tout particulier et en y plaçant un garde chargé
de sa conservation.

Il nous reste peu de choses à dire pour finir cet essai.
De 1815 à 1830, calme plat. La chûte des Bourbons de
la branche aînée ne donna lieu à aucun événement bien
intéressant dans notre cité. Nous nous rappelons cependant, nous, vieux soldat du premier empire, avoir vu
avec une profonde émotion, le 28 ou le 29 juillet 1830,
l'arrivée d'une diligence surmontée d'un petit drapeau
tricolore, ces couleurs éminemment nationales que nous
avions vu jadis remplacées par cette pâle couleur du drapeau de l'antique monarchie et que nous ne connaissions
que par l'histoire, puisqu'une terrible révolution l'avait
remplacé quelques années avant notre naissance par l'é-
tendard aux brillantes couleurs baptisées et affermies depuis par une série non interrompue de victoires et par le
grand homme d'État, l'illustre guerrier qui devait élever
la France au plus haut degré de puissance entre toutes
les nations. Aucun événement digne d'être cité dans les
fastes historiques de notre ville pendant le règne du sage
et trop faible Louis-Philippe, jeté en bas du trône par la
révolution de 1848 et remplacé par une République éphé-
mère du sein de laquelle devait surgir l'homme capable,
énergique, qui gouverne maintenant la France avec sagesse et fermeté, et qui, comme le chef de sa dynastie,
alliant les talents administratifs aux vertus guerrières,
vient de prouver à l'Europe, dans deux guerres successives, que les Français ne sont pas dégénérés.

Nous dirons, pour revenir aux événements de 1848,
que notre ville, comme toujours, resta paisible et tranquille, mais appréhendant pourtant de voir reparaître les
tristes drames de 1793. Nous n'eûmes cependant que des
clubs forts pacifiques. Les journaux seuls nous informèrent
des événements de la capitale. Nous pûmes lire entre

autres la relation des cérémonies de l'Agriculture, les fêtes de Cérès, celles du labourage avec ses chars et les bœufs aux cornes dorées, renouvelés des Grecs par Ledru-Rollin, héros tristement célèbre de cette époque.

1859. Nous voici arrivés forcément au terme de notre récit. Nous dirons, en terminant, que Péronne, après avoir été, comme on l'a vu, le théâtre d'événements très-importants, et avoir joué dans l'histoire de France un certain rôle, est tombée maintenant dans un calme complet. Depuis l'établissement du système d'unité et de centralisation que nous devons à la révolution de 1789 et qui a mis fin aux querelles et aux guerres intestines si fréquentes sous la féodalité, les villes ont beaucoup perdu de leur valeur personnelle. Elles ne sont plus maintenant que les parties d'un grand tout, la France. Nous devons signaler une autre cause de stagnation pour Péronne, c'est son éloignement du système actuel de communication. Avant l'établissement des chemins de fer, notre ville se trouvait sur une des voies les plus fréquentées de France, sur la route de Paris en Flandre et le passage de nombreuses diligences, chaises de poste et voitures de roulage, était pour elle la source d'une certaine prospérité. Du reste, s'il ne règne plus chez nous une grande animation, nous avons au moins le calme et la tranquillité, et nous nous occupons à rendre notre séjour le plus agréable possible. Nous avons déjà parlé du gaz, nous ne devons pas passer sous silence non plus l'établissement de trottoirs en grès dans les rues principales et en bitume sur la place. N'oublions pas de dire que, depuis quelques années, nous avons obtenu la création d'un marché-franc qui paraît avoir de l'avenir.

FIN.

www.ingramcontent.com/pod-product-compliance
Lightning Source LLC
Chambersburg PA
CBHW071837090426
42737CB00012B/2268